全新教养

这样读懂孩子行为

黄彦钧 · 著

黑龙江科学技术出版社
HEILONGJIANG SCIENCE AND TECHNOLOGY PRESS

图书在版编目（CIP）数据

全新教养：这样读懂孩子行为 / 黄彦钧著. -- 哈
尔滨：黑龙江科学技术出版社, 2019.3
　　ISBN 978-7-5388-9895-8

　　Ⅰ. ①全… Ⅱ. ①黄… Ⅲ. ①儿童教育－家庭教育
Ⅳ. ①G782

中国版本图书馆CIP数据核字(2018)第264190号

全新教养 ： 这样读懂孩子行为
QUAN XIN JIAOYANG:ZHEYANG DU DONG HAIZI XINGWEI
黄彦钧

项目总监	薛方闻	
项目策划	张　凤	
责任编辑	宋秋颖　张　凤	
出　　版	黑龙江科学技术出版社	
	地址：哈尔滨市南岗区公安街 70-2 号　邮编：150007	
	电话：（0451）53642106　传真：（0451）53642143	
	网址：www.lkcbs.cn	
发　　行	全国新华书店	
印　　刷	北京天恒嘉业印刷有限公司	
开　　本	787 mm × 1092 mm　1/16	
印　　张	13	
字　　数	120 千字	
版　　次	2019 年 3 月第 1 版	
印　　次	2019 年 3 月第 1 次印刷	
书　　号	ISBN 978-7-5388-9895-8	
定　　价	45.00 元	

本社常年法律顾问：黑龙江大地律师事务所 计军 张春雨

孩子好动不安，注意力不集中怎么办？

孩子长时间看动画片，却不能流利地表达看过的内容怎么办？

孩子经常丢三落四，干什么都挑三拣四怎么办？

孩子遇事紧张、爱吃手、不合群怎么办？

············

这里有来自专业治疗师的苦口叮咛，

让爸妈可以放下心，让孩子能够敞开心！

推 荐 序 --

韩德生

康复科主治医师兼医疗部主任

　　黄彦钧医师从大学毕业后，便投入到临床医学工作中，从事小儿职能治疗，至今已有十余个年头。他主要以感觉统合失调及过动、注意力缺损的小朋友为治疗对象，临床经验相当丰富，治疗效果也颇受家长肯定。

　　黄医师以专业的角度、通俗的语言及丰富的案例分享，完成了这本对家长们来说极具参考价值的书籍，解决了他们一直担忧的孩子行为差异的困扰，我感到非常的欣慰！

　　文中有许多别出心裁的小版块，像"爸妈一起来"传授了一些游戏互动的小方法；"爸妈请注意"则列出了教养过程中的"要"与"不要"；"黄老师有话说"提供了过来人的现身说法，特别具有说服力。

　　我相信这本书能有效增进父母的亲职能力，故乐于为其推荐。

韩德生

彦钧还在医学院读书时，我们便相识了。这十多年来对彦钧的印象始终是个谦恭有礼、充满正气又温暖的好青年。原本以为是他专业的知识、丰富的临床经验及细心体贴的个性让许多有需要的爸妈及孩子获益，但看到他在书中分享了自身的经历后才知道，原来他更能以深刻的同理心，设身处地为孩子们着想。

彦钧通过长期的临床经验累积和互动问诊搜寻，整理汇集了孩子们无法一次网罗的状况，方便爸妈快速抓住孩子行为表现的方向与核心，引导爸妈更深入地观察、思考及跳出盲点，也帮助爸妈更深刻地体会孩子的身心感受，同时又提供了不少实用的解决方案和加强亲子互动的日常游戏。

都说天下父母心，孩子的一生，爸妈永远担心不完，他们常无法分辨问题的来源是家庭教养、自己的疏忽还是孩子的个性，到底是要继续观察呢，还是寻求专业咨询？**往往在爸妈们犹豫的过程中，孩子成长的一些关键期就被错过了。**

在孩子成长的路上能有这样一本真切写实的参考书，我相信看完之后一定能让爸妈更加放心！

杨聪财

身心诊所院长

作者序 --

为什么都照着书做了，
还是耽误了孩子的黄金期？
　　　　　　　——来自家长的自责

教养知识越来越普及，
为什么还是没有解决爸妈的这些问题呢？
　　　　　　　——来自治疗师的困惑

　　每当听到痛苦自责的家长们这样问时，我随即也是一阵心痛。

　　从事小儿临床治疗这些年来，我见过太多的家长及孩子在"走投无路"的情况下来到医院。他们大多已按照各种参考书执行过，但孩子的表现仍无法达到期望值。所以，初到治疗室的他们很少是笑着进来的，毕竟现在还是有很多人认为"进入医院就相当于被贴上了标签"。

　　如果孩子罹患很典型的症状，通常都会被要求直接进入早期疗育系统，得到医疗资源的协助，但大多数孩子是不完全符合诊断标准却仍有状况的"边缘型个案"，我们会称之为"疑似""有某某病症的气质"，甚至更多的孩子是因为爸妈未按照其身心及脑部发展去教养，而演变成"后天型"的发展问题。

　　作为治疗师，我们需要不停地精进自己所缺乏的技能，才能快速地找到孩子的症结，及时调整孩子的教养方向。在与更多爸妈接触的过程中，我发现，爸妈们不能正确地选择适合自己孩子情况的教养书，很多书籍对爸妈们来说就是汪洋中的浮木——看起来都讲得头头是道，其实对他们的问题并没有什么实质性的帮助。这主要是因为他们不够了解自己孩子行为背后的原因以及这些原因的比重顺序，所以很多书籍告诉他们处理的方法，却未必能教他们找出根本的原因，以至于不能有针对性地解决问题。

其实，通过观察、评估、推论找到孩子问题症结的过程，需要专业的技能，以及丰富的临床经验。为了不让更多的家长错过孩子教养的黄金期，我想借由这本书，分享一下我临床工作中的具体案例，帮助爸妈们思考一下：**自己当初所认定的问题到底是不是真正的问题？自己的判断是否正确？是否遗漏了什么？是否误会了什么？是否需要改变的其实是家长本身？**我想传达给有此需要的爸妈们："其实你们原本是不需要走进医院的，其实你们可以不用担心，其实你们可以提早做好。"

如果当初没有进入医学院，我可能不会知道自己为什么会做出这样或那样的行为，我一直以为这是我的个性、癖好或习惯导致的。而这些我以为一辈子都难以改变的行为，原来不见得是与生俱来的，原来也不是不可扭转的。

即使大人，因为他人的误解而被错误对待时，也会觉得冤枉、委屈；试想，还无法正确表达的孩子，幼小敏感的神经又会有什么感受呢？希望大家阅读后能花更多的时间观察孩子，了解状况后以正确的方式来养育宝贵的生命。

黄彦钧

目 / 录
Contents

第1部分
感觉调节

◆触觉篇◆

为什么孩子这个怕，那个不能忍？

孩子讨厌碰触各种物体，怎么办？

在孩子成长的过程中，家长越早发现孩子的问题，越早干预处理，孩子就越能快速改善，他们的挫折忍受度就能随之提高，从而度过更愉快、更开阔的成长历程。

孩子有时拖拖拉拉，

有时又迟钝地不会避开危险，

爸妈怎么办？

为什么孩子看到什么都想摸摸看？

孩子总喜欢咬指甲，怎么办？

◆**前庭觉篇**◆

第2部分
运用能力

◆姿势篇◆

◆感觉区辨篇◆

◆动作协调篇◆

我也曾无法理解自己

为什么我总是怕别人碰触我？

为什么我不愿到新的环境去？

为什么我不喜欢团体生活、不喜欢出去玩？

为什么我的协调能力这么不好，反应这么慢？

为什么我的球类运动能力这么差？

为什么有些食物别人都觉得很好吃，我却不敢吃？

为什么我学习时的体力这么差？

为什么我要休息这么久才有力气？

为什么我很想改变，但却这么困难？

为什么我明明努力了，情况却还是没有改变？

这些疑问，都是我在进入医学院之后，才慢慢解开的。

我曾被认为是个不乖、别扭、难沟通的孩子，如今，我成为了一名职能治疗师。我想以我的专业与经验，帮助无助的爸妈学习如何正确解读孩子的行为，用爱陪伴他们一起长大。

与其说小儿职能治疗是我的职业，不如说职能治疗让我更了解自己，让我对来治疗室的孩子们更能感同身受。当我在描述孩子们的状况、感受与想法时，爸妈们总是很惊讶——为什么我连他们孩子平时的行为表现都能娓娓道来？为什么我常常能知道他们下一个反应是什么？这不单是靠我在学校里认真学习医学知识，或是我的临床观察与推理能力很好就可以做到的，而是因为我真的经历过这些孩子正在经历的感受。在成长的这条路上，因为有太多的"为什么"总是无解，使得我在适应团体生活时备感辛苦。我拥有家人的爱与支持，但却无法清晰地向他们表达我的感受，或者说我试图表达出来的部分，也无法让他们完全理解。以至于在成长的过程中，这些问题一直困扰着我，让我痛苦并自卑。

举个例子来说，无论我怎么努力还是不擅长球类运动，这就很难打入部分男孩的社交圈，从同学那里不断传来的有形或无形压力、耳语甚至戏谑，成为我求学阶段不可承受之重。但我不愿在爸妈面前自我揭露，因为那需要一点儿勇气，需要再次面对自己的弱点。

不过，我想告诉正在为孩子教养问题困扰的爸妈们："我虽然是治疗师，但我也曾是一个个案，像我这样的状况并不是一种病，只是在成长的过程中缺乏环境的刺激，同时该加强的部分没有适当适时适量地被补足。我希望通过这本书，**让更多的爸妈更早一点儿了解自己的孩子，更多一点儿了解他们的感受，更快一点儿在黄金期帮助他们。**"

所谓的黄金期，就是学龄前这个阶段。这个时候的孩子大脑与身体都在快速成长，很容易被塑造及改变，也因为如此，家长在黄金期观察到孩子的各种状况都尚未定型，未必是孩子天生的个性或优缺点，也未必是孩子的真正喜好，很多只是反映孩子"当下"的状态，而我们专业人士就是帮助家长判断孩子"此刻"所受到的各方面的刺激是否有需要加强或改进的地方。

学龄前也是早期疗育的黄金期，搭配着孩子的身心发展，黄金期当中所做的努力可以事半功倍，就像黏土尚未干掉之前，只要适时、适度地加水就容易塑型，过了黄金期就像逐渐干掉变硬的黏土，若希望黏土能按照我们心想的样子成型，越晚就越困难，有些硬掉的地方甚至再怎么加水也无法软化了，因此孩子的疗育建议从学龄前就开始。就像黏土的材质因为组成物以及各部分的比例不同而形成不同的质地一样，孩子本身的特性也各不相同。但在黏土制成器皿的过程中，捏土的环境（比如不同的温度、湿度等）、捏土者的做法（比如不同的力度等）都会对器皿的最终定型起到一定作用。所以同理，在孩子的成长过程中，天性是一部分影响源，但后期教养也是很重要的一环，它对孩子未来能否依据天性成为发光发热体来说至关重要。

这本书以临床中较为常见的感觉统合及肌肉张力出现问题的小故事为例，给出其对应的原因与处理方式，目的不是要阐述感觉统合理论，而是要用临床实例让爸妈快速地观察并了解自己的孩子。

孩子的行为问题判断并不是单一、容易的，需要多数案例综合评估。治疗师也不能单单以感觉统合理论来评估治疗个案，还要考虑其他的参考架构，且需要因不同状况做出不同的对应方式——孩子的状况总是充满变化和多种可能性的，每个"当下"都有可能不同。**所以为人父母，没有公式可以套，只有看懂孩子教养这个题目，做出对应的详解之后才有意义。否则，只是知道解决方法，却把对的答案抄在非对应的题目下，问题还是依然会存在的。**

不过，爸妈们请放心，解题并不困难，关键在于我们要多方面地弹性思考、仔细观察，这也是身为医师的我和爸妈们要一起共勉的。

什么是感觉统合？给非医疗专业出身的家长解释，用简单的图示更容易：

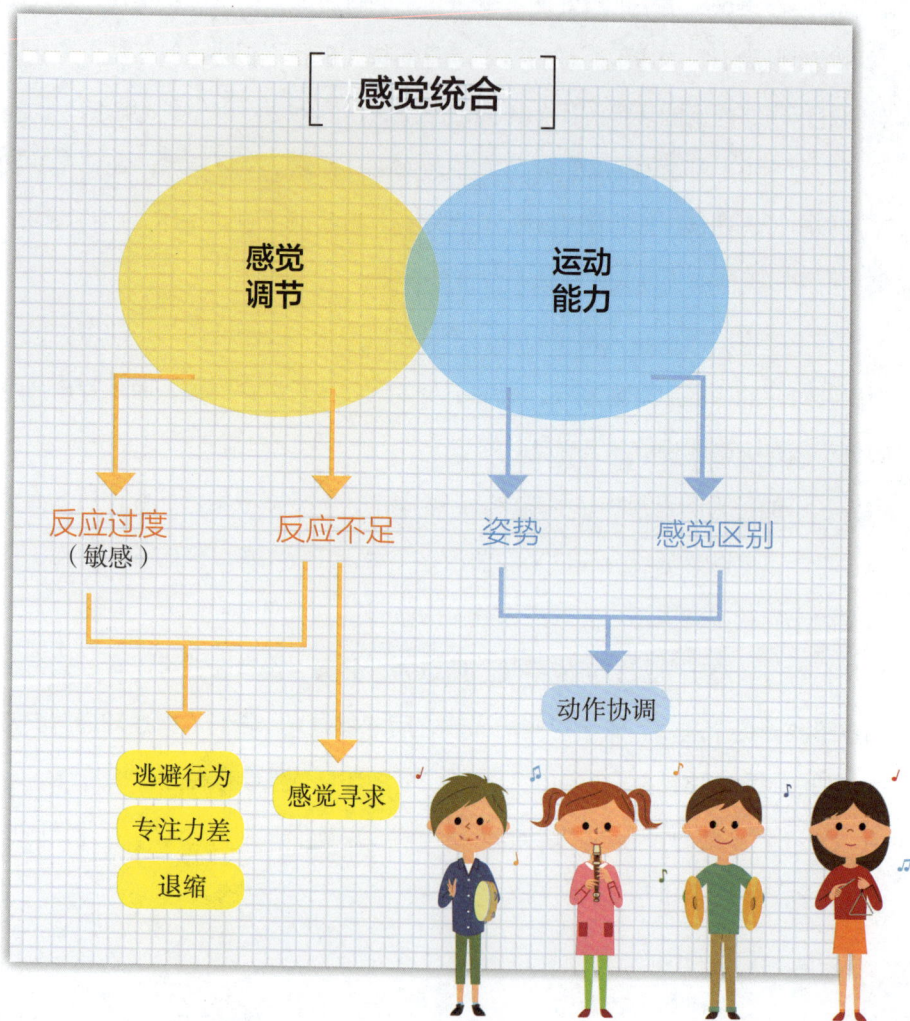

在这当中，我们熟知的"感觉"是视觉、听觉、嗅觉、味觉、触觉等，但其实还有另外两个感觉，一个是"前庭觉"（主要影响视觉、动作的协调能力、肌肉张力、维持姿势的能力，还有身体在空间中的位置概念等），另一个则是"本体觉"（主要影响身体的计划及协调能力，像是做事的顺序与效率等）。感觉统合理论中的三大主要感觉系统就是指触觉、前庭觉及本体觉。而触觉、前庭觉、本体觉三者的"感觉调节"与"运用能力"，便是影响感觉统合好坏的决定性因素。

三大主要感觉系统

触觉是最基本的感觉，通过触摸周遭的事物，去感受不同事物的大小、形状、材质、温度、软硬、轻重等，从而促进认知。此外，触觉能传递情感，好的触觉经验也能安定情绪、疏解身心压力。	前庭觉若没有健全发展的话，不仅会影响协调能力，孩子的体育表现、工具使用和书写也会较差。	如果爸妈觉得孩子做事拖拉、没效率或是玩玩具容易因为力道控制不好而弄坏，都有可能与本体觉发展有关系。

我们可以发现，生活当中所接触到的所有人和事，都与感觉统合有关。胎儿约4个月大时，听神经元细胞开始发育；5~6个月大时，对外界就会有反应，产生胎动，并渐渐地发展出感觉统合能力。

感觉学习从胎儿时期起就很重要，而发展感觉统合能力的黄金期是在7岁之前，希望爸妈们可以把握这个时间段，让孩子身心可以发展得更好，具备更多适应环境的能力。人在环境中接收到各种感觉刺激的信息后，大脑会进行统合并做出适时、有效的反应，以应对不同的情境需求。所以，如果孩子把各种"感觉"加以"统合"的能力越好的话，他适应环境、抗压受挫、学习的能力也会越好。

感觉统合理论是一个关于大脑与行为之间关系的理论，它可以帮助我们去解释、预测孩子的行为表现。我在书中分享的临床案例与简易的判别图块，

1

孩子有可能每天的表现都不一样，有可能一段时间的表现不一样，有可能前一分钟这样，后一分钟就另一个样，也有可能因环境或情境的差异而有差异。即使孩子没有感统问题，但在成长的过程中，还是需要长期的观察，而不是一开始就怀疑孩子的能力或一味地责怪孩子，要求孩子服从。

2

有的孩子可能在不同的感觉上有不同的表现，例如在触觉方面反应不足，前庭觉却很敏感；有的孩子可能同一种感觉也有不同的表现，例如在触觉敏感与反应不足中间摇摆。状况可能单纯，也可能复杂。

3

上图中提到的表现并非都要符合才算是有感统方面的问题，而且感统理论只是推论的一种方法，不是唯一的参考。

都是与感觉统合相关的。这些临床案例，有的属于单一因素，有的属于多重因素，但后者中一般会有某个因素所占比例较大。图块中所列出的表现也只是一部分，不能单以符合多少项目来判断孩子是否需要专业医师介入，如果孩子符合了几个描述，那也不必太过慌张，**因为每个孩子的表现都有不同程度的差别，所以没有一个孩子能成为另外一个的比较标准。**

分享这些的目的，是希望爸妈们能多多观察孩子的表现，多花一点儿时间思考孩子行为背后的原因，毕竟市面上专业谈论亲子教养的书籍很多（涉及小儿科医生、身心科医师、心理师、特教老师、儿童教育专家、亲职专家、职能治疗师等），爸妈们真的要先确认问题，才能知道什么情况要参考何种专业的建议，也才会知道自己要的答案是什么。因为孩子的成长过程本来就是感觉统合发展的历程，这本书能让家长较容易地粗略判断或思考自己的孩子是否需要专业介入，抑或只是自己太过于大惊小怪，其实可以放轻松一点儿。

书中所分享的游戏活动，家长可以带着孩子玩，还能加强孩子的各种感觉统合能力，是不是一举数得呢？

第 **1** 部分

Sensory Modulation

感觉调节

当环境刺激进入大脑之后，大脑能将各种刺激量调整到适当的程度，让身体产生适宜的反应。

当感觉调节能力不好时，就有可能对某刺激的反应过度（害怕、排斥或逃避）或反应不足（没办法表现出令人期待的反应），由于环境中的各种感觉会不断地输入大脑，若是调节不好的话，便会影响生活。

触觉篇

为什么孩子这个怕，那个不能忍？

孩子讨厌碰触各种物体，怎么办？

案例分享一

"一开始我以为养孩子本来就是这么辛苦，毕竟头一胎没经验嘛，所以会努力去配合孩子的各种无理取闹。直到他的妹妹出生，我才发现两个孩子简直是天壤之别，妹妹听话到不可思议。这样对比后，我就开始看好多书找原因，但都不对症，找不到解决办法，我只好下决心带小立来咨询了。"一位妈妈这样告诉我。

四岁的男孩小立，一直以来都不喜欢洗脸、洗头，尤其怕水、怕毛巾碰到自己的脸；给他刷牙就跟打仗似的，需要妈妈追来追去；理发师给他剪头发也要小心翼翼的，因为他一会儿说剪刀很冰，一会儿又说全身又痒又痛；家人帮他买衣服也很困难，很难预料什么材质的衣服他喜欢。他不穿新衣服，衣服里的标签更是无法忍受。

小立还会害怕沙子、泥土、草地，去海边也会大哭；他不喜欢跟别人一起玩，更害怕去新的地方。每次出游之前爸妈都要再三叮嘱他有什么问题直接讲，但他总是毫无预警地哭，爸妈光是找原因就要找很久，安抚也要花上大量时间。

"小立的状况，我小时候也有过，所以可以体谅，但也没那么严重呀！"

带孩子本来就这么辛苦吗？

——小立妈妈的疑问

爸爸表示他自己不喜欢光脚，很热的时候在家还是会穿袜子，根本不穿凉鞋或拖鞋，十分讨厌各种会让自己变脏的活动。

"小朋友应该会挑食吧？"我问。

"对，但孩子挑食不很正常吗？难道这也有关系？"妈妈不以为意地回答。

我没有直接回答她，而是继续问下去，我发现小立的挑食情况很严重，但他爸妈觉得没什么大惊小怪的，因为他俩本身在选择食物上也有特殊习惯，因此对孩子挑食的包容度大于其他照顾者。

小立虽然没有达到偏食的地步，但愿意吃的东西很有限，口感、形状、烹调方式等他都在挑剔，甚至碗中食物的温度不同他也会不吃或吐出来，所以在幼儿园吃得很少。而且小立最开始是一步也不愿意踏入幼儿园的，他爸妈费了一番功夫，他才勉强答应去。小立的爸妈觉得孩子在慢慢地进步，以为随着时间的推移，小立应该会越来越适应这个世界。没料到他居然渐渐排斥幼儿园的各种活动，讨厌排队，甚至都不跟同学讲话，被其他小朋友碰到就会生气或打人。

"最近他根本不愿意去幼儿园了，早上装睡不起床，好不容易被拖下床了，但死活不换衣服、不出门，就是一直哭。老实说，照顾他真的让我好累。"妈妈无奈又疲惫地叹息道。

小立的教养案例，比较偏向触觉敏感引起的过度反应，医学上称之为"触觉防御"。这个结论是经过临床观察与评估之后推测得出的，可能与小立的触觉失调有关，且触觉失调在行为影响上所占比重较大。这个案例，爸妈们可以借以参考。

触觉是我们在接受刺激信息后，跟环境互动的一种重要感觉，它可以通过痛觉、冷热觉、压觉等多种方式保护我们免于危险与伤害，如果宝宝吃到、接触到令他不舒服或预感有危险的东西时，他就会通过哭或叫等情绪反应来请大人帮忙。

触觉既会影响情绪，也是传递情感的一种方式，比如轻拍、轻抚孩子，会让他安静下来；拥抱、牵手、亲吻孩子，会让他感到被关注；孩子在紧张、焦虑时，就会想做咬指甲、吸手指等动作。

触觉的发展需要很多的经验累积，所以爸妈们不仅要鼓励孩子多尝试触碰各种物品，还要多抚触孩子，拥抱、轻拍、按摩、揉揉捏捏等都是很有必要的，每个人所需的刺激量不尽相同，多观察孩子的表现来确定孩子需要在哪方面补足。孩子在发育尚未定型期间，任何情况都是合理的，爸妈若只是一味地希望孩子按照自己的想法或规定来生活，就可能忽略他们的需求，影响孩子在某方面的发展，造成后天失调的情况。

实际案例中，小立的状况不只限于所描述的这些，我只是针对他在触觉方面的困扰较多地着墨而已。这样的孩子对于我们根本察觉不到的感觉，都会很敏感，他没办法理解为什么别人看起来自由自在，自己却怎么都不舒服。这种情绪困扰让他觉得很痛苦，久而久之，就会害怕或逃避触觉方面的刺激，温度、湿度、软硬、轻重……生活中的各种触觉反馈都会让他觉得不对劲，这些触觉刺激不断加大他不舒服的程度，从而使他无法专注在该专注的人、事、物上，因为他不知道什么样的触觉是可以忽略的、什么样的触觉是需要注意的，所以无时无刻不处在警觉的状态下。久而久之，像小立这种情况的孩子，情绪会变得易哭易怒、焦躁不安、反复无常，他们长大后也会容易有许多生活上的"小地雷"，是自己或他人不能触碰的，从而造成自己的烦恼、他人的困扰。

感觉输入后，每个人的反应程度都不相同，简单分为以下三种程度

- **轻微的触觉敏感**

  这样的孩子基本在75%的情况下，行为都能符合社会期待，没有特别处理的话，长大后就会像小立的爸爸一样，对于饮食、生活用品的挑剔成为一种习惯，虽然未必会影响到生活，但可能或多或少会影响到一起生活的人，个性上有可能会比较喜欢坚持己见、较容易因小事而生气。

- **中度的触觉敏感**

  这样的孩子相对来说，比较难维持良好的专注力与警醒程度，常被环境干扰而无法好好做事，比如在游戏、读书、写作业、工作时容易分心，因此会有挫折感，情绪不稳定。

  他们小时候在适应环境方面会需要大人的帮助与引导，否则很容易出现进入集体生活时攻击他人的行为，生活自理能力相对弱，常常拒绝尝试新事物，并较少主动参与集体活动。

  如果再敏感一点的话，他们可能会挑剔身体接触到的各种事物，比如，一定要某一种床或枕头才睡得着，穿特定材质的衣服才觉得舒服自在；饮食上的选择更是挑剔，所以出远门或到新的环境中就会比较难以适应。长大后他们会对无法好好控制自己的情绪感到困惑。

  若到了对各种触觉刺激（一般人都觉得无害或不刺激）都会有过度的情绪反应或是看到人群会害怕、别人靠近时会有压力、难以与他人建立更深的关系、难以有肢体互动等程度时，就会被认为是"触觉防御"（对触觉刺激易有负面的情绪性反应）。

- **严重的触觉敏感**

  前述状况再加深，即被称为"触觉防御"，常见的已确诊有身心障碍的孩子，像是患有自闭症的孩子们，因为太过敏感，生活中的刺激对他们来说都是一种煎熬，因此他们会有逃避、害怕、惊慌的反应，大人必须不断安抚他们，而这样的孩子适应生活的过程会非常辛苦。

如果孩子有以下表现，可能有触觉防御的问题

饮食

挑食，除了挑食物的种类和气味之外，对不同的烹调方式也会挑剔。例如：

❶ 口感：不吃太软、太硬、太湿润、太干燥或太粗糙的食物，他们会过度放大食物在口腔中的感觉。大家都觉得软硬适中，他们却因为感觉太软或太硬而不吃。

❷ 温度：难以预测他们对于冷热的标准，反正他们感觉温度不对就不吃。

❸ 形状：挑剔形状，不吃混合在一起的食物。

穿着

❶ 难选择衣服，难以换季，讨厌碰到衣服内的标签。

❷ 喜欢穿袜子或长裤，因为怕接触外界。

❸ 讨厌戴口罩、眼镜、帽子等，即使戴也非要挑材质。

❹ 很难买到喜欢穿或穿着舒服的鞋子。

自理能力

❶ 盥洗的要求很多，特定方式与规矩一大堆，例如，一定要先洗脸才可以洗头，对水温要求很严格。

❷ 不喜欢穿内衣裤或擦屁股，紧张或抗拒梳头发、剪指甲、剪头发、掏耳朵，怕被碰脸、被亲、被抱。

❸ 不喜欢刷牙、用牙线的感觉，很怕看牙医（嘴巴很难张开）。

❹ 常会觉得鞋子太松或太紧，袜子穿起来会感觉不平整，鞋子中有小石头或沙子就会很痛苦，可能会踮着脚尖走路。

社交

❶ 看起来孤僻，喜欢独处（因为怕被人碰到），很怕痒，别人轻轻地碰到就会解读成别人打他，不喜欢进入封闭或人很多的环境，像是电梯、隧道、车厢等。

❷ 在家活泼好动，到外面就安静内向。

❸ 不喜欢突然被碰到的感觉。

❹ 对亲近的人易怒，情绪转换需要较长时间，生气或伤心持续很久才会平复，常常会被认为是在无理取闹。

游戏

❶ 喜欢主导、自定义规则，不喜欢配合规则。

❷ 讨厌会弄脏自己的游戏（比如，接触泥巴、沙子、草地等），会用嘴巴碰东西（因为手太敏感）。

❸ 很怕要互动的游戏，例如趣味竞赛、合作型游戏，碰到他人就很痛苦，怕跟别人握手或牵手。

❹ 很怕要接触东西的游戏，例如球类运动或者玩游乐设施等，所以只喜欢自己玩或跑。

❺ 对于生活中突发状况的应变能力较差，会不知所措。

学校表现

因为怕碰到别人，排队会在最前面或最后面，甚至外面，讨厌碰美术用品（胶水、贴纸、颜料等），有洁癖，不爱拿笔写字，工具使用能力不佳，常会因为他人碰触而有攻击行为或产生较大的情绪反应。

黄老师有话说

其实我自己也有触觉敏感的问题。

在成长的过程中，我总是不明白自己为什么会这样，直到就读了职能治疗系，接触感觉统合、神经发展这方面的知识后，我才感觉好像找到了答案。之后陆陆续续地学习加上临床观察比对，才确定自己真的是这样的个案。

我从小就怕光脚，不喜欢穿凉鞋，很喜欢穿袜子，就算没出门也是一起床就把袜子穿好，甚至及膝的白长袜一直穿到小学六年级都脱不下来！我时常觉得鞋子里有小石头或沙子，心里很反感，以至于不喜欢接触大自然。

人际互动方面也受到一些困扰，上学排队时，我很怕老师要我跟旁边的小朋友牵手，也怕别人用笔、手指等戳我，怕痒更是不在话下。所以有关肢体接触的任何活动，我都有点抗拒或找借口不参加，到后来发展成很多体育运动我也不喜欢，所以有些想做的事、想认识的人，我总是遗憾地错过。

许多爸妈在意的挑食问题，我小时候也有，很多肉我都不敢吃，食物的选择也总是吃固定的几样。我还很在意生活用品的使用，比如桌椅、床、枕头的软硬，棉被的重量、材质，衣服的柔软度等。外界环境的温度、湿度、通风、声音也会影响我的专注力，只要感觉不对劲，我就会生气、不开心，或是很难好好读书、做事，因此我只要出门，就会带很多东西，来应对环境当中的变化。

不只是我的家人不解我为何会如此，我自己都觉得莫名其妙，为什么别人可以，我就不行？我还不算很严重的个案，因为大部分的状况我都可以忍耐，能强迫自己在外面的时候适应环境，但其实内心十分痛苦。

我接触职能治疗后，开始在生活中练习提升自己的忍耐性与接受度，所以我可以穿夹脚凉鞋了，更喜欢大自然了，到新的地方能很快适应环境了，能与陌生人礼貌性地握手、拥抱了，我持续不断地练习，渐渐改变了我以前认为是天生的个性。大脑是具有可塑性的，经过我不断的接触，大脑慢慢适应了我之前无法忍受的一些东西，只是年纪越大，需要花费的时间越久，要下的决心也需要越大才行。

在治疗室中，看到过许多跟我类似的孩子，我完全理解他们的状况及"被勉强是如此痛苦，为什么大人都不懂"的内心感受，这些我都经历过，所以我想对这些爸妈说：

在孩子成长的过程中，家长越早发现孩子的问题，越早干预处理，就越容易纠正孩子某种错误行为，因为孩子的大脑还处于发育阶段。

有时候爸妈关注的方面也不同，就像小立的爸妈对他挑食的包容度比较大，对其他行为却感到头痛。爸妈们是否需要专业人士协助，评判标准在于：这些造成生活困扰与日常任务执行的问题，是否是爸妈们参考多种育儿书籍、尝试不同教养方式后，仍无法改变和解决的。如果是这样，就可以考虑去找专业人士评估了。

一般来说，家长如果从小对孩子进行有针对性的触觉均衡刺激的话，孩子在生活中就会减少很多无法忍受的事情，同时他们也会把注意力专注在该做的事情上，不会因为要花心思注意这些刺激而影响情绪和注意力。所以，孩子越早开始调整触觉敏感问题，问题就越容易得到解决。

触觉篇

孩子有时拖拖拉拉，

有时又迟钝地不会避开危险，

爸妈怎么办？

　　小勋就要上小学一年级了，生活自理能力还是很差，像扣扣子、拉拉链这样简单的事情都做不好，出门前换衣服总是要花很长时间，拖拖拉拉还不要紧，关键是他总会将衣服的前后、正反穿错，或者双脚穿的袜子不一样，将鞋子的左右脚穿反，竟然走一整天都不会感觉不舒服。

　　爸妈常因为赶时间上班或看不下去就直接帮忙了，但孩子眼看就要上小学了，如果总是教不会他也不是个办法。

　　妈妈说："我本来以为男孩子都这样，从学校回到家里衣服脏兮兮的是正常。结果跟其他同学比较后发现，他几乎总是最脏的那个，每学期都要买新校服，不知道他为什么两条鼻涕挂着回来都不会擦，不了解的人还以为我没好好我以为孩子还小，长大了就会慢慢好了，结果……

　　　　　　　　　　　　　　　　——小勋妈妈的无奈

照顾他呢！"

　　令妈妈心疼的是，小勋受伤了都还不自知，身上常有各种伤口，像是撞伤、小割伤、瘀青等。他从小打针都不会哭叫，一开始大家还以为这是勇敢，现在看来是孩子不知道什么是危险。

　　另外，爸妈也很不解，为什么小勋每天睡9个小时以上，在幼儿园却还是打瞌睡？

　　"我担心他这样，到了小学能适应吗？动作总是这么慢，上了小学功课肯定写不完……我应该早点带他来评估看看的，原先以为他还小，等大点儿就会慢慢好好起来的……"妈妈忧心忡忡地说。

评估后发现，小勋的情况倾向于触觉不敏感或称"触觉反应不足"。

其实有类似问题的孩子不单单有触觉问题，其他感觉也会有反应不足的情况，这是因为大脑对于一般感觉的输入无法察觉，需要较强或较久的刺激才会产生反应，大部分情况下看起来就是会慢半拍、后知后觉，甚至无知觉。此外，孩子的警醒程度比较低，一方面他不太会避开危险、对痛感反应不灵敏，另一方面则是反应迟钝，看起来比较懒惰，简单的事情也要拖拉好久，容易发呆。

若在学校跟这样的同学分到一组做活动，会让其他人觉得恼火，影响到人际关系。

通常老师或爸妈都需要一直提醒他们做该做的事，甚至通过处罚警醒他们，但孩子根本不知道自己为什么会这样。

此外，令人担心的是孩子可能会不自觉地造成自身伤害，最常听到的叙述就是："好像不知道痛啊！""怎么摔都不会怕的感觉！"家长千万不要简单地把这种行为归结为"孩子胆子大""孩子勇敢"，因为常常是这样的孩子发生意外的概率更高。

在工具使用方面，触觉不敏感的孩子也常令人头疼，但我们可以想象，如果我们戴着厚重的手套写字、拿筷子，我们也会不灵敏，爸妈这样来理解，就会比较能明白孩子的处境了。

相信很多老师和爸妈都遇到过那种打到别人还不自觉的孩子吧？他们有可能是触觉反应不足，因为碰到他人的触觉刺激还不足以让他们的大脑接收到感觉，需要更强的刺激才行，所以我希望大人们能多了解有触觉反应不足的孩子，遇到时请不要只是责备，而是能体谅他们。

如果孩子有以下表现，可能有触觉反应不足的问题

饮食　像鱼刺、硬壳类等食物入口后，不会吐掉，可能会吞下；吃饭时食物会掉满身或满地。

穿着　比较不修边幅，衣裤、鞋袜穿错也没感觉，脏了、湿了也不会感到不舒服。

自理能力
❶ 鼻涕、口水流下来，裤子湿了都没什么感觉；
❷ 从小不怕打针，跌倒也不觉得痛，常会打翻东西；
❸ 知觉环境的能力较差，会在注意某事情时忘记顾及安全。

社交
❶ 比较固执于自己喜欢的做事方式，不想从听大人的建议；
❷ 反应力、灵活度较差，不太会变通。

游戏　不太会判断什么对自己会造成伤害，比如说告诉他装热水的杯子不能碰，他还是会想碰，之后才会知道这样很烫。

学校表现　常会在事情发生之后才明白状况或是根本不知道怎么回事，容易无精打采。

触觉篇

为什么孩子看到什么都想摸摸看？

孩子总喜欢咬指甲，怎么办？

　　读小学一年级的伟伟是个活泼可爱的男孩。他一进治疗室，跟我打完招呼后，就到处摸来摸去、爬上爬下，一旁的妈妈不断地大声呵斥孩子，让他乖乖坐好，碰什么器材前要先经过我允许。

　　"没关系啦，我们先聊聊吧！"我赶紧对这位妈妈说，同时又提醒伟伟，"伟伟，你要注意安全，玩具或器材你都可以拿，但太危险的东西我会告诉你，等我和你一起玩。"整个治疗室瞬间变得热闹起来。

　　我这样做的目的主要是想看看孩子的表现，因为比起按照标准评估流程请孩子配合施测，不如通过这样自然的情境，在孩子没什么压力的状况下进行观察，这样通常更有参考价值，而且可以通过孩子选的玩具来了解他。

　　伟伟在治疗室中什么都想摸摸，妈妈表示他在学校常会擅自摸女同学的头我的孩子天生就如此吗？

——伟伟妈妈的痛苦

发，到外面也是什么都要拿起来摸。虽然大人反复提醒他要征求别人同意后才可以碰，但还是效果不大，更让妈妈困扰的是他在跟同学玩的时候很容易出手过重，看起来像是攻击行为，让爸妈尴尬不已。

此外，伟伟到现在还是会咬指甲、吸手指，写作业的时候就爱摸来摸去，都不知道他在忙什么，每天作业都要写到晚上十一点。因为以上的种种表现，帅气、可爱的伟伟在学校交不到什么朋友，还常被老师点名批评，爸妈也一直被老师建议到医院评估看看。

妈妈泛着泪光问我："老师，我们伟伟是天性如此，还是我们没教好？他不会真的有问题需要来医院治疗吧？"

伟伟的这种寻求刺激的行为，来自于对感觉的反应不足，即"触觉寻求"问题。这样的孩子常常是为了维持自己的警醒程度与注意力，就像是肚子饿了想找东西吃一样，会不断地寻求感觉刺激，让自己可以满足、安定下来。表现在触觉方面，就是想不断摸或摩擦某些材质的东西、碰撞他人或物品、吃较刺激的食物（冰、烫、辣、麻）等。所以当他们在需要专心的时候（比如在课堂上或写作业时），可能会更加追求感觉刺激，不了解的老师或家长就会想要制止，这样反而让孩子无所适从。

举个例来说，大人在工作时若无法专注，会通过提神或者感觉刺激来警醒自己，表现在触觉方面，就是吃点儿零食、嚼口香糖、喝水及捏、捶、按摩自己的身体等，在大人的世界里看起来如此正常的事，当孩子在教室里或书桌前执行时却因不被了解而常被纠正，这样孩子就容易产生负面情绪。所以，希望老师、爸妈们能多观察、确认并了解孩子的状况后再做后续处理。

如果孩子有以下表现，可能有触觉寻求的问题

饮食 胃口不错时，会不知道饱，倾向的口味比较重，喜欢酸、甜、咸、冰的食物。

穿着 特别喜欢黏着妈妈，爱撒娇，把喜欢的衣服或小毯子、毛巾、布偶等放在身边才安心。

自理能力

❶ 各种自我刺激：喜欢拉头发，喜欢咬指甲、手指、手腕或手臂，也可能会咬嘴唇，咬衣服或文具（铅笔后端橡皮处）等；

❷ 喜欢玩口水，比如吐口水出来，抹在脸上、东西上等；

❸ 喜欢用手或身体其他部位到处摸或摩擦，可能会未经他人同意就直接去碰别人的东西。

社交

❶ 比较喜欢打人、咬人，做事的时候没必要的动作很多；

❷ 总是很忙，走来走去或把玩、搬动身旁的各种东西；

❸ 看起来大大咧咧的，跟别人讲话时靠得很近。

游戏

❶ 看到人多或好玩的地方会异常兴奋、想要尖叫；

❷ 喜欢自己跌倒或在地上打滚、撞人、撞墙；

❸ 胆子很大，不知道危险，不怕人多的地方。

学校表现

❶ 常会喜欢碰触、捉弄、推挤同学等；

❷ 手中常常拿着某样物品，如积木、橡皮擦、扣子、小车、小玩偶等。

爸妈请注意

孩子从小的触觉经验会影响触觉灵敏度的发展。

一般我会建议爸妈只要确保安全且干净卫生的情况下，都不要禁止孩子去碰触各种物品，抓、拿、握、敲打、玩等机会能让孩子的触觉发展得更好，也有助于脑部与智能的发育，但有些爸妈可能会因为来不及、没有布置合适的环境等各种原因，禁止孩子碰东西，甚至还会对孩子的行为感到不解，觉得孩子为什么不能乖乖听话，一定要这样摸来摸去。

当然，比起反应过度、一心想改变孩子的家长，一味鼓励孩子多接触的家长也是不完全正确的，首先父母要有足够的耐心了解孩子的特性，知道喜好什么、害怕什么，慢慢地让他们增加接触世界的广度，这期间需要花费一些时间练习与等待，甚至需要根据情况调整方案，循序渐进。举例来说，曾有爸妈因为认为孩子有触觉防御的问题，自行看书之后就每隔两小时用刷子帮孩子刷背10~20分钟，孩子有不舒服的反应爸妈仍旧坚持操作，因为他们认为这是改变孩子问题的必经过程，结果孩子的状况并未改善，还造成了亲子关系的紧张。

感觉调节的调整有许多细节，像是频率、强度、持续的时间与种类、方式等，是需要尝试、评估及临床经验的，如果没有拿捏控制好，在让孩子感觉到害怕或恐惧之后要再介入就比较辛苦了，孩子会有"一朝被蛇咬，十年怕井绳"的感觉。

爸妈一起来 促进触觉发展的参考小游戏

黏土游戏

游戏❶

原料：面团、黏土、陶土等。

方法：使用这些原料做成各种形状，比如捏面人、搓成长条、揉成汤圆等。

要求：大人和孩子一起玩。把玻璃球或小扣子包在黏土中请孩子挖出来，也可利用面团、黏土、陶土的黏度与大小不同，来调整孩子的感受及使用力量，这里的黏土可以选择不同材质的，以便增加孩子的触感反应。

球池寻宝

游戏❷

球池玩法很多，尽量选择动态、有趣的方式，触觉敏感的孩子建议不要一开始就立刻全身进去。

方法：

A. 纯粹进球池游泳，感受球给身体的刺激。

B. 可用跳水的方式进入，根据孩子的状况，调整孩子进球池所穿的衣服材质或长短。

C. 可把不同材质或大小的玩具、物品丢入球池，请孩子找出来。

拍打泡泡

游戏❸

方法：

自制安全的泡泡水，在吹泡泡之后用手拍打泡泡，让孩子习惯接触稍微有黏性的水，练习吹的过程可刺激口腔。

艺术大师手指画

游戏 ❹

方法：

A. 可用手沾颜料来着色、印指印。

B. 用水彩笔、蜡笔画好之后用手推开颜色或拓印硬币、树叶等。

C. 玩沙画、泥浆，用笔画的话可使用不同粗细、大小、形状的笔。

爸妈的小帮手

游戏 ❺

方法：

A. 烹饪：让孩子接触、感受不同质地的食材，根据孩子的能力选择帮忙清洗、盛装、整理，揉面团也是个很好方式。

B. 家事：打扫房间、整理衣服和玩具，自然地接触各种材质。

C. 园艺活动：帮忙种植或照顾植物，但此接触泥土、植物、石子及不同的工具。

深压觉游戏

游戏 ❻

方法：

用软垫、毯子或棉被裹住孩子颈部以下的身体（注意：不要裹得太紧，以孩子舒适为佳），5~10分钟后隔着包裹物稍微按摩或是请孩子滚动身体把被子松开，可使用不同的材质来包，记得刚吃饱或情绪不佳时避免使用此方法，也避免压到孩子的头部或胸部，这是一种深压觉的感觉刺激。

触摸游戏

游戏 ❼

用不同材质的物品增加触摸经验和锻炼手部动作。

方法：

A. 单纯摸玻璃球、项链、表面平滑的玩具。

B. 捏、丢接不同硬度的弹性球及海绵。

C. 玩各种材质与大小的玩偶（填充的、塑料的、有弹性的、会震动的玩偶等）。

肢体接触的游戏

游戏 ❽

可玩常玩的游戏。

方法：

A. 用手击掌，听歌曲打拍子等游戏。

B. 在手心、手背或背后写字、画图猜猜乐。

C. 各种手指游戏。

大海捞针

游戏 ❾

方法：

A. 器皿可从纸盘、托盘，再到深一点的盒子、箱子，慢慢加深到可将手脚放入的深度。

B. 在器皿内倒入不同的东西：先选基底（沙子、米、豆、玻璃球、彩色小石头、干的螺旋状意大利面等），可以选一样或几样，由小到大，从较小的、光滑的颗粒开始，孩子比较不会排斥，之后再放入不同的小东西，让孩子找出来，如小水晶、纸牌、小玩具车、积木等。

操作类玩具

游
戏
⑩

方法：
使用可以拉拔、挤压、组合的拼插玩具，如不同大小、材质、形状的积木、插片，以各种方式组合拼插。

日常生活

游
戏
⑪

A. 睡觉时可穿着舒服、有重量的衣服，避免穿太宽松、轻薄的衣服，让皮肤有被包覆的感觉。

B. 看牙医或剪头发前先提供重压按摩或深压觉刺激。

C. 尝试洗泡泡浴，可让孩子自己把沐浴乳挤在海绵上搓出泡泡。

D. 从手脚开始往中心擦身体乳液、凝胶或爽身粉等。

E. 按摩孩子的手掌、手指，口腔敏感的孩子，可按摩口腔内侧。

F. 大人和孩子互相帮忙梳头（顺着头发生长方向）。

游戏中需注意的小提醒

★ 应如何布置游戏环境

足够的空间：避免意外伤害，安全第一，这样也会让触觉敏感的孩子比较安心。

舒服的场地：对于比较敏感的孩子，需要特别注意环境，温度适中、干净整齐、安静或较少干扰、没有时间压力的环境，会让他们觉得舒适，也可在舒服的软垫或毛毯上进行游戏。

★ 应如何给予刺激

让孩子可预期：让孩子从前方就能看到大人的动作，在碰触孩子前要先告知他，避免从后方摸孩子的脸、脖子等。

从手臂和脚开始：不需要对全身都进行触觉刺激，对手臂和脚的触碰就能达到效果，刺激的过程中告诉孩子目前在触碰的部位。

使用稳定的深压或触碰：像轻抚这样的轻触觉刺激，反而会让触觉敏感的孩子不舒服，而触觉反应不足、触觉寻求的孩子则会没有感觉，所以要避免轻抚。

★ 爸妈们在游戏时的态度

见好就收：孩子愿意玩的时候就玩，若他表示不愿意或表情不对、没有耐心时就立刻停止，以免让这次体验变得不愉快。

尽量不干涉：游戏的过程中只要确保安全，尽量让他们能自由地发挥，爸妈可借此观察孩子的喜好。

不强迫：孩子不想碰的东西不要强迫，循序渐进，通过观察与尝试找出适合孩子的材质、物品、玩具，并以此作为开始。

满足孩子的需求：尤其是触觉敏感的孩子，先让孩子自己选择触觉刺激的种类、部位、所需要的时间、接触的频率等，之后再慢慢增加强度。

★ 爸妈们在游戏中可教导的内容

对于触觉寻求的孩子，爸妈需要教导孩子尊重他人的身体及物品，也要教导孩子用表情或语言来表示自己的感受。对于触觉敏感的孩子，爸妈则需要告诉他人尊重孩子不想被碰的需求。

以上部分在促进触觉发展的游戏中要注意的事项都大同小异，但对于触觉比较敏感的孩子需要特别留意。

黄老师有话说

先别急着教孩子，而要让日常环境成为孩子感觉刺激的好教室。

日常环境就是一个充满各种感觉刺激的地方，我常会在自然的情境下观察孩子们都在做些什么或是回避什么，会不会保护自己。比起告诉他们玩法或是规则，我更想看他们怎样探索新环境。

但家长却较少这样观察，通常大人们愿意等待的时间不多，会想赶快教孩子怎么玩或告诉他们方法（不知道他们在急什么……）。爸妈少了观察过程，只在意结果，加上给予许多协助或限制，孩子们得到刺激的机会就会减少，所以即使过去一段时间，孩子的情况也未必会变好，更不会因为长大就具备该有的能力。触觉的发展需要累积经验，接触事物的种类、范围与时间都可以获得经验，现在的爸妈不论居住在哪里，给予孩子的保护都太多，在幼儿园或给保姆带大的孩子，所能得到的刺激量很难预测，从临床经验发现大部分是偏低的，自己在家带孩子的爸妈若没有经过系统学习、不太会玩小游戏、没创意或嫌麻烦，可能给予孩子的刺激也是有限的，甚至不少孩子是在游戏间自己随意地玩或是看着手机、平板电脑、电视长大的。爸妈为了方便、快速与安全，常强制要求孩子配合当下的状况，但并非每个孩子的身心发展都能很好地配合爸妈的指令，于是就出现了冲突，可能无形中会对孩子造成或大或小的伤害。

建议爸妈们在日常生活中根据年龄发展的能力，在不赶时间的情况下多让孩子练习自理能力，就像自己穿鞋袜，不要赶着出门时才开始让孩子练习。若孩子执行困难，爸妈可以在孩子做的过程中观察孩子是手的动作不灵巧、不协调、没力气，还是对材质敏感。

因为每个人的状况不尽相同，我在这里只是提供一些临床经验与表现，让爸妈们能思考并观察孩子，让孩子能够健康、快乐地成长。

特别收录 提供触觉刺激的小游戏

寻宝游戏

训练目标： 把物体包入黏土中，让孩子翻找出来，能提供很多触觉刺激经验。

示范黏土： 硬度为"中软"的运动黏土。

游戏方式： 在黏土中包覆小物体或玩具（如扣子、豆子、玻璃球、花片、小模型等），请孩子挖出来。

参考玩法

玩法1： 包入黏土中的物体选择由大到小（如玻璃球→大豆、花豆→红豆、绿豆），之后可以混合大小不一的物体。

玩法2： 可以由"爸妈包，孩子找"进阶为"孩子自己包，自己找"（可让孩子包自己喜爱的玩具）。

玩法3： 爸妈可以和孩子比赛，看同一时间内谁找得多。

玩法4： 在黏土中包入不同的物体，规定孩子只能找出指定物体（如绿豆），其他的不可拿。

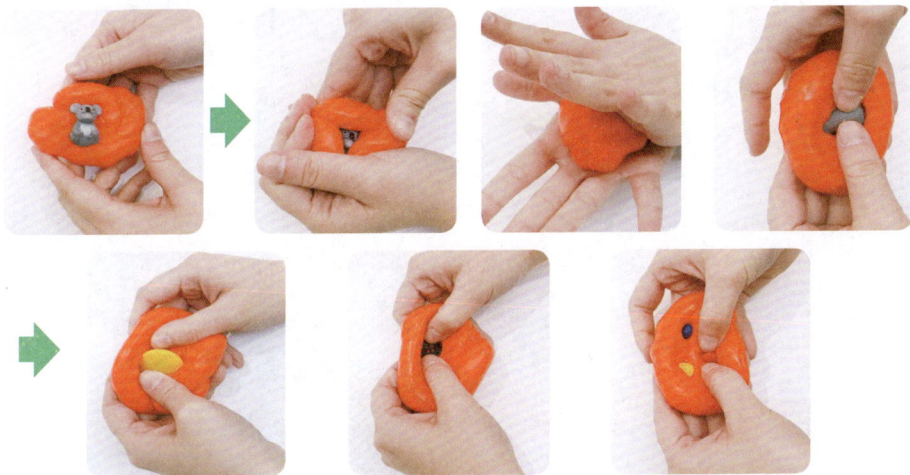

杆面印花

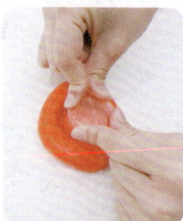

训练目标：借助工具的使用，增加更多触觉经验与回馈。

示范黏土：硬度为"中软"的运动黏土。

游戏方式：使用各种工具在黏土上做出压痕或不同形状。

参考玩法

玩法第1步：将黏土做成球状或长条状后，用铅笔、小木棍、筷子（由粗到细以加强难度）将其擀平，黏土球越大越难擀平，黏土条越粗越难擀平。

玩法第2步：擀平后，用叉子、吸管、笔盖及各种有纹路的物体，在黏土上印出深浅不一的纹路。

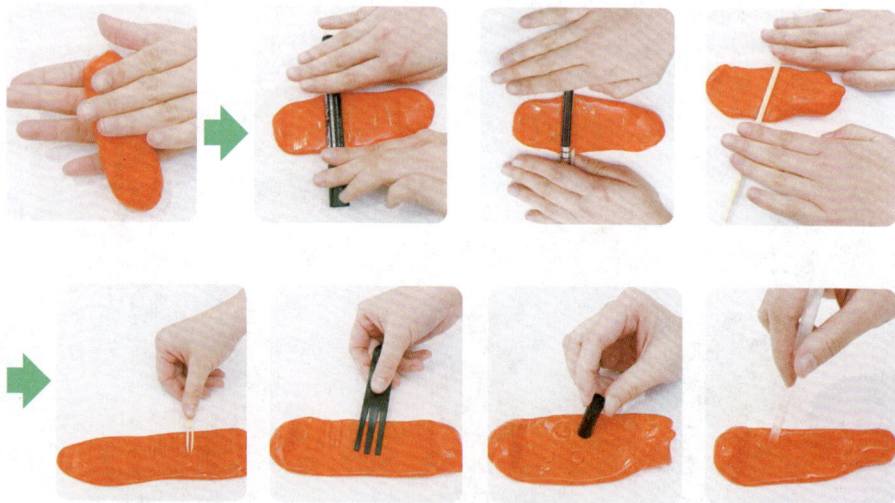

前庭觉篇

我们身体的控制、肌肉的张力、身体两侧的动作协调、视觉的稳定、大脑的警醒等，都与前庭系统有关。前庭神经系统的接收器位于我们内耳的构造中，主要负责人体的平衡感。

维持静态与动态的平衡

功能❶

A. 抗重力的动作，大部分是伸张的动作。

B. 帮助我们在失去平衡的时候可以及时调整身体不至于跌倒。

C. 容易晕车、晕船可能是动态平衡调节能力不佳。

保持姿势

功能❷

把自己控制与稳定在一个想保持姿势中。

身体两侧协调动作

功能❸

可以做好跨身体中线的活动，使身体左右两侧好好合作。

眼球动作

功能❹

控制眼球动作，让眼球能清楚对焦。比如在阅读、抄写的时候，在头动来动去的情况下，眼球能快速地找到对焦的地方。

肌肉张力

功能❺

帮助维持、发展正常的肌肉张力。

大脑警醒程度

功能❻

提高警醒：突然改变方向、加速等前庭觉刺激可以活化大脑的网状神经系统，使人精神亢奋，如婴儿被抱起飞高高，他们会开心地笑。

降低警醒：规律、轻松、缓慢的前庭觉刺激可以让人感觉安定、放松，如婴儿被抱着轻轻摇晃或在婴儿床里轻摇。

前庭觉的调节不够好时，出现的状况不一，表现程度也有差异，而且可能还会涉及视觉、触觉或本体觉等不同组合的调节问题，这需要经过仔细的临床观察、各种不同的评测及确认环境变因才能确定。

以下分享几个临床小故事，来帮助家长理解孩子差异性行为背后隐藏的深层原因。

前庭觉篇

孩子时常逃避新事物，
爱哭、爱闹，怎么办？

五岁的凯凯，是个看起来很害羞的男孩，他第三次来治疗室的时候才敢坐在地垫上。第一次来的时候，凯凯站得离门口远远的，只是大哭；第二次倒是愿意接近门口了，但始终不愿意把脚踏入室内，所以我便坐在门口陪他玩简单的积木。前两周我们都是在门边待了一个小时，直到这次他才愿意进来治疗室瞧瞧了。

"带他去亲子馆或游乐园都是浪费钱，因为他什么都不敢玩，怎么鼓励、怎么陪伴都没用。"爸爸在闲聊中说了一句很无奈的话。

其实凯凯对于静态的游戏都很喜欢，平常最爱组合火车轨道、搭积木、玩涂鸦、看绘本之类的，但凯凯的爸妈觉得一个男孩这样的运动量有些不够，所以除了尽心尽力地在假日安排出游之外，平常晚饭后也会带他到小区或附近的公园玩一阵子，算是很用心的父母了。

"对于照顾孩子，照理说，我们做得不少，但凯凯怎么还是怕接触新环境呢？我们自己小时候也没有这样呀！"爸爸表示很疑惑。

评估后发现，凯凯不论是大动作还是精细动作都比同龄孩子发展迟缓些，这是因为他总是只做自己喜欢和擅长的事，对新的事物和新的挑战一味地选择逃避，导致刺激量和练习度不足，这并不是脑部问题或基因疾病等。

临床观察三次及各种评估再加上爸妈的主诉后，我确定凯凯对前庭觉的刺对于照顾孩子，照理说，我们做得不少，但凯凯怎么还是怕接触新环境呢？我们自己小时候也没有这样呀！

——凯凯爸爸的疑惑

激反应过度敏感，平衡感很差，走在稍微凸起的地面都可能会跌倒，所以他喜欢稳定的活动，不喜欢移动位置的活动，而环境当中有摇晃、旋转的情况时，他就会非常害怕、手心出汗、不停眨眼，情绪也会很激动，常常问："会不会掉下来？""会不会跌倒？""这样很危险吧？"严重的时候甚至会大哭大叫，需要安抚很久。凯凯的妈妈说，他再小一点的时候，甚至连搭直梯或手扶梯都不敢，更别提荡秋千这类的活动了，会一直呼天抢地。

不仅如此，凯凯的情绪也阴晴不定，前一秒还像个天使，后一秒说翻脸就翻脸，在幼儿园让老师们伤透了脑筋。凯凯不愿意参加集体活动，尤其不愿意上音乐课，老师虽然很努力地进行个别教导，但有时仍会为了团体活动顺畅进行而先让他在--旁安静地做他想做的事。

妈妈还补充说凯凯总是看起来很累的样子，也常常喊累，走路走到一半就耍赖不走。我告诉凯凯爸妈，若是前庭觉调节不佳，就会造成肌肉张力偏低，所以他可能花了很多力气在适应环境，能量耗尽就容易疲惫又情绪不稳定。

治疗两个月后，爸爸告诉我，凯凯有天突然对他说："我很喜欢黄老师，因为黄老师会等我。"我笑着点点头说："这个世界需要有人懂他才行。我们多给他一点时间，他会越来越好的！"

经过评估发现，在凯凯的这些行为诱因中，前庭觉反应过度所占比例较高，凯凯是偏向前庭过度反应中常见的重力不安全感。

对重力的安全感是情绪和行为发展的基础，我们从出生开始，身体就不断地在和重力（地心引力）互动。成长的过程中也要花很多力气学习如何对抗、控制身体，像宝宝抬头、翻身、坐起来、站立、走路等，都是在重力作用下经历的一个个慢慢适应和发展的过程。

前庭神经会接受视觉、脊椎、小脑的信息，整合产生眼球动作，若过度敏感的话，就会很怕改变姿势，一点点高度都会害怕，并可能会有以下情况。

● 对身体定位概念不佳

常会错估身体在空间中的位置，总是觉得自己快要掉下去了，快跌倒了，明明没有危险，却仍有危机意识，跟身体所处的确切位置无关，而是大脑接收到前庭传来错估信息。同时也会害怕搭乘直梯、荡秋千等，甚至会害怕需要把脚抬离地面的事情，喜欢脚踏实地，通常请他原地上下跳的时候，他的脚都还是在地上的。

需要转换两个以上（含两个）事物时会感到害怕

如上下各种交通工具（包括公交车、地铁等）、上下楼梯及进出电梯、上下斜坡（像公园的小土丘、凹凸不平的地面、拱桥等）、转换不同材质会使其重心不稳的平面（如一般的路→沙坑或泥土地，地板→地上的软垫等）。

容易抗拒头部及身体姿势的改变

会抗拒头部往上需要跳跃的动作或运动，如球类运动都需要跳跃，跳绳或游戏也常有向上的动作；头部往后像是需要后仰的动作，如爸妈帮忙洗头时、坐可以后仰的椅子觉得会摔下去。也会抗拒一些如体操或武术等会做倒立、翻滚、翻单杠、下腰等动作的运动，所以游乐场所中很多设施都会让这样的孩子感到恐惧而避开。

因为孩子在生活中这么害怕、焦虑，所以他们的动作会越来越慢、越来越小心，久而久之就会排斥肢体活动，拒绝探索环境，拒绝尝试新事物及接受与同学互动的机会，一味发展下去，就可能会被同学嘲笑是胆小鬼，从而自信心下降。

如同之前提到的触觉敏感的孩子一样，过度反应的孩子会为了避免这样不舒服的感觉而逃离刺激，所以在游戏或生活中会想办法主导游戏的规则、主导大人规定的生活常规，不想听指令行事，常会拒绝大人的提议，让家长觉得扫兴或愤怒，其实若能了解孩子这种行为背后的原因，就可以体谅并好好帮助他们了。

如果孩子有以下表现，可能有前庭觉反应过度的问题

穿着	穿裤子时容易失去平衡；穿、脱衣物很不专心（因为要保持平衡）。

自理能力	❶ 喜欢保持头部直立，不喜欢头部的姿势改变（如前倾、后仰），所以洗头会让他们很害怕。
	❷ 很怕上下楼梯，需要紧抓扶手才有安全感，也很怕左右脚交替地上下楼梯。
	❸ 很怕别人改变他习惯的位置。
	❹ 不喜欢搭交通工具，转弯或速度改变都会造成他的不安。

社交

❶ 不喜欢跟别人互动。

❷ 不喜欢别人在他做事时靠近，因为会有压迫感。

❸ 为了确定自己的安全，需要大人保护或是要他人按照自己的意思来做。

游戏

❶ 不喜欢运动，在运动场所会焦虑。讨厌去游乐场或公园，或是去了之后愿意试的设施很少，尝试一下就说怕、不敢、不行了。

❷ 玩的时候很怕被别人撞到、推挤，很怕跌倒，大人会以为孩子很怕身体上的疼痛。怕高，怕走在高低不平的路上，怕从高处跳下去，不敢双脚离地跳。

❸ 依赖视觉来维持平衡，荡秋千时脚一直要去踩地面，丢、接球时会觉得头昏眼花，比较不愿去尝试翻筋斗、翻单杠、攀岩、游泳、骑脚踏车等，害怕与速度跟旋转有关的活动或游戏。

学校表现

❶ 做游戏时要重新订规则让别人遵守，其他人常会觉得他不合群、不合作，人际关系易受到影响。

❷ 肌肉张力较低，很容易累，移动头部时容易分散注意力。

❸ 平衡感差，容易重心不稳。

黄老师有话说

前庭觉调节不佳的孩子，未必都是天生注定的。

说到前庭觉，黄老师自己也曾有问题，我是偏向反应过度的个案，在穿、脱裤子的时候常常会重心不稳，搭手扶梯时会觉得快掉下去了。一开始我以为是腿部肌肉不足或晕眩造成的，后来才知道是前庭觉和本体觉的原因。

我的平衡感向来不好，很怕速度太快的游戏或运动。接力赛或跑百米时，常会觉得自己快要跌倒了；荡秋千时也怕别人从后面帮我推高；翻单杠苦练多时，到现在也无法突破心理障碍。

············

以上种种，都没有影响到我的学业与工作表现，而且没有接触特别刺激的事物时，根本不会有人发现我内心的状态。但要说我生活得很自在吗？ 其实不尽然。

这期间，会有人很直接说我胆小，也有好听一点儿的说，说我是书生型的人，但我听着还是不开心。

我常常不解，为什么别人能，我就不行？ 为什么我需要在内心对自己呼喊："不要怕！"但我在怕什么？ 我也好想要跟他们一起开心地玩，但我就是会害怕，以至于我只能无限循环地质疑自己。

因此，对于前庭觉调节不佳的孩子，我能了解他们的内心想法、生理状况，能特别准确地给予他们刺激，所以他们都很喜欢我，因为我知道他们什么时候需要等待，什么时候已经够了，什么时候还需要更多。他们说不出口的感受，我能体会到；他们无法表达的心情，我都能帮他们告诉家长。

说不定也有家长跟我有类似的情形，感统失调不严重（对，我这样不算严重）的人，长大就是这个样子，变成自己特有的性格，上述的情况可能有人觉得："没什么吧，不过就是自己的个性、特质嘛！"但对我来说是一种界限，自信心、人际互动与生活或多或少是会受到影响的。所以才要分享我曾经的心理状态给家长们，一方面告诉家长，孩子的表现未必是天生注定的，很多情形是可以在早期经过调整改变的，若我从小被父母重视到这一点的话，想必应该会比现在大气一点（内心的小遗憾）；但另一方面我也想告诉像我一样或是有其他感觉统合问题的人，除了试着接受这样的自己之外，也可以循序渐进地训练自己，能够接受的范围会慢慢扩大，很多以前我不敢尝试或害怕的事物，后来都越来越习惯、越来越不害怕了，虽然对有些事物仍存有疑惧，但至少面对新的挑战与尝试时不会总是逃避或担忧，了解自己之后愿意去改变，还是很有希望的！

前庭觉篇

为什么孩子不是多动症，
却总是静不下来？

"因为学校老师说孩子好像有点过动、注意力不集中，建议家长带来医院评估，所以我们就来看一下。"这是我在跟家长交谈时经常听到的一句话。

为什么呢？因为老师与家长通常很在意孩子的"专注力"，所以这常是孩子被带到医院的契机，殊不知影响"专注力"的原因很多，需要好好评估才能找到各种原因所占的比例。

小学二年级的阿成是个活泼、爱笑的阳光男孩。只是我在跟他讲话时，要他好好静下来看着我、听我讲完，难度很高，因为他的目光总是被其他东西所吸引，总想跑来跑去、玩这个玩那个。

"黄老师，我可以玩这个吗？"阿成每隔三分钟就会想换下一个玩具，不停地问我。

阿成的妈妈说他从小就喜欢转圈圈，而且也不会晕，但这样有活力的阿成体育表现却不好，球类玩得比同学差，平衡感也不好，走路常跌倒。

"他从小就常常受伤，眉毛还缝过好几针。每次出门，他跑得又快，我根本拦不住，所以干脆就尽量不外出了，很怕又有什么意外。"妈妈无奈地

我以为男孩子活泼一点也没什么，

加上又没有严重到影响学业或人际关系。

说道。

在学校，阿成走快一点，都会撞歪同学的桌椅；放学排路队时，他的书包也会甩到其他同学而浑然不知；课上，阿成也很难安静下来，经常被老师提醒。同学们都觉得阿成故意捉弄他们，加上玩游戏时，阿成表现一般，大家都觉得他调皮捣蛋，不愿和他分到一组，阿成的心情因此受到影响，挫折忍受度下降，动不动就说不要，常问爸妈为什么自己总是做不好。

其实，经过我们职能治疗师评估过就知道——孩子被说是多动，真的很无辜。

"既然这样的情况在阿成读幼儿园时就发生了，为什么小学二年级才来呀？"即便我大致猜到了答案，但还是想确认一下。

"我以为男孩子活泼一点也没什么，加上又没有严重到影响学业或人际关系。小学一年级后，他的情况虽然变严重了，但我认为应该是他还在适应，直到我去学校跟其他家长道歉或找老师的频率越来越高，孩子做功课的时间越来越长，孩子越来越不开心，我才决定要好好面对这一切。"

　　阿成算是比较典型的例子了，不少案例都是孩子很小的时候就出现问题了，但家长却要过很久才来咨询，其实早点确认问题并介入的话，有些苦是根本不需要经历的。阿成会有这样的表现主要是感觉统合不佳，一种可能是前庭觉的反应不足，因此，他会通过寻求刺激满足自己；还有一种可能就是在成长的过程中，阿成一直以来所接收到的前庭觉刺激不足。

　　阿成给人的印象就是动来动去，很难静下来吃饭、听故事、写作业，他喜欢攀爬、撞东西、上下跳或原地跳、翻筋斗、在地上打滚等，以至于注意力受影响，学习效果也不好。

　　这样的孩子若没经过特别训练，按照每个人不同的程度，有些人成年后情况会好一点，因为他们会想办法让自己适应环境及提高专注力，像是让自己多动动、洗脸、喝水等；但有些人成年后则会变得没有耐心、容易生气、有无名火等。

　　他们在成长过程中很容易被误会是"多动"，但这两个字对不是真的多动的孩子来说，其实是一种变相地耽误孩子。针对评估后的问题给予相应的解决策略，孩子就会减少持续想去满足前庭觉需求的想法，学习和专注力都会得到改善。

　　我听过不少人说："只要多带孩子出去走走、多运动，他们就会好很多，就会专心了！""多运动"确实是给予前庭觉反应不足个案的主要建议之一。

　　不少问题是跟缺乏运动有关，但也有很多问题不是只加强运动就能解决的。"运动最补"确实没有错，但若能更精准地选择运动的种类，并在强度、频率、方式等方面都兼顾孩子的需求，绝对可以事半功倍。

如果孩子有以下表现，可能有前庭觉刺激寻求的问题

饮食

吃饭时常常动来动去，无法好好坐着，还可能要被大人追着喂饭。

自理能力

因为追求刺激的动作，所以身上常有大大小小的伤。

游戏

在运动场上会很兴奋，喜欢用跑步代替走路；喜欢在沙发或床上跳；喜欢坐摇摇椅或旋转椅，很喜欢转圈圈、倒立、翻滚，都不会晕。

荡秋千荡很久都不肯下来，不论室内或室外都会选危险的活动做。

学校表现

总是很冲动的样子，先做了之后才想；看起来总是坐不住，在椅子上摇来摇去（用椅子两只脚后仰），上课时想要起来走走（自我刺激），常摇头晃脑（为了提神）。

爸妈请注意

所有的感觉刺激都不要勉强，过犹不及，反应过度的孩子就让他们慢慢适应，反应不足或是寻求刺激的孩子，就在安全的状况下尽量让孩子满足。

前庭觉的刺激主要靠的是瞬间的加速或减速晃动，不论是直线还是旋转的方式。为什么是瞬间呢？因为刺激过后身体就会适应，所以需要依照孩子的状况及需求来调整。

针对失调的孩子所进行的活动，实际操作的方式请找专业人士建议，以免造成不必要的伤害或是没有预期的成效。此外，若做前庭觉相关的游戏或活动，过程中调节不佳的孩子容易对重力产生恐惧感，可能严重的情况会影响到行为或情绪，有的孩子甚至会有恶心、想吐的感觉或反应，而且不见得会在刺激的当下立刻出现，有的可能会在活动结束后1~2小时才开始出现负面的反应，家长一定要特别留心注意，并且可找专业人士咨询一下。

爸妈一起来　促进前庭觉发展的参考小游戏

抱着摇晃

游戏❶

适合对于前庭觉刺激较敏感的入门刺激方式。

A. 对于较小的孩子，可以直接抱离地面左右轻晃、上下抱起、大人原地旋转等，都是从轻微的动作开始做，宁可减少刺激强度，也不要太过头。

B. 对于较大的孩子，不一定要全程抱离地，可抱起来离地旋转一两圈或举起来上下移动，公主抱摇晃或旋转也可以。

C. 对于再大一点的孩子，大人可以直接背在背上，方向同上，左右上下转圈。

溜滑梯

游戏❷

A. 基础：提供直线加速度，有助于锻炼孩子的肌肉张力、眼球控制、头颈部肌肉控制。

B. 变化：强度可以从坡度来控制速度，对于一开始很害怕的孩子，可先从走各种日常生活的上下坡来练习重心改变，接下来可以试试趴着、倒着溜，也可尝试螺旋的滑梯。

C. 进阶：尝试滑草或滑水道。

棉被游戏

游戏❸

A. 吊床：适合体重较轻的孩子，让孩子躺在毯子或棉被上，家长1~2人把被子拉高离地，作为一个躺姿的秋千。

B. "包寿司"：用棉被把孩子颈部以下裹住，请孩子自己从"寿司"中滚出来。

荡秋千

游戏❹

这是很好的前庭刺激游戏，但要注意安全，秋千的种类也有很多。

A. 种类：若可以的话，前庭觉反应过度的孩子可先从座椅式的秋千开始，再换成轮胎型等底面积较大的，适应之后再坐木板或皮带这种底面积较小的。

B. 玩法：从孩子可接受的幅度、高度、时间开始，若前后的刺激已经适应，再加上左右晃动或是不规则的摇晃，之后再尝试旋转。

健身球

游戏❺

依照孩子的状况与能力，可以趴在或坐在球上，上下动或左右摇晃，依照孩子能力决定脚是否离地，大人可以操控振幅。

滑滑板

游戏❻

一开始需要家长陪同，可从趴着的姿势开始，让孩子进行前后左右、旋转等各种方向的滑动，之后可以请孩子用手推地板滑行，也可加强背部肌肉的锻炼。

摇摇椅

游戏❼

使用摇摇椅或前后摇晃的木马也可以，孩子坐在上面，家长可以操控摇晃的强度，若孩子想要自己调整也可以。

徒手游戏

游戏❽

A. 小牛耕田：孩子趴姿，家长在后方抬起孩子的双脚，孩子双手伸直撑地前进，头抬起来眼睛看前方。

B. 大熊走路：孩子四肢在地上，背部拱起，用手脚一起来走路，手肘与膝盖不碰到地上，头抬起来眼睛看前方。

平衡游戏

游戏 **⑨**

若有安全的平衡木，可以试着练习；日常生活中则可走在路边石上稍微高起的一排上以练习平衡能力。

跳跳类

游戏 **⑩**

A. 跳跳床（弹簧床）：许多儿童游乐场所都会有，让孩子在跳跳床上上下跳，或是边跳跃边旋转。

B. 跳房子（跳格子）、跳远、单脚跳、跳跳箱：这些游戏都可以锻炼平衡能力。

其他相关运动

游戏 **⑪**

跷跷板、跳绳、脚踏车、滑板车、体操或简单的舞蹈等。

游戏中须注意的小提醒

★ 对有前庭觉状况的孩子，爸妈可以这样布置游戏环境

安全第一：前庭觉刺激用到的器材比较多，所以一定要注意安全。在给予刺激前一定要先跟孩子说明游戏会怎么进行，必要时可以示范给他们看。抱着

孩子旋转、飞高高等游戏是家长和孩子常玩的，但不论孩子年纪大小，都需要家长注意孩子颈部的支撑与安全。

循序渐进：前庭觉刺激给予的方式一定要循序渐进，而且有些孩子觉得不舒服不会当下就表现出来，有可能一开始他们笑得很开心，之后却突然哭泣、拒绝再玩，甚至恶心呕吐等，所以循序渐进、见好就收是最安全保险的，若能先有其他肢体活动暖身一下更好。

★ 对前庭觉较敏感、反应过度的孩子，爸妈可以这么做

如果孩子对于直接游戏过于恐惧，建议家长可以一边说明，一边抱着孩子离地摇晃，若孩子仍不愿意接受的话也不要急于一时。若孩子不排斥，可先从孩子双脚接近地面开始，比如简单的跳格子、上下跳。

使用不同感觉刺激分散孩子前庭觉刺激的关注度：请孩子吹泡泡，跳起来拍打泡泡。

★ 有前庭觉问题的孩子在游戏时，爸妈应保有这样的态度

前庭觉当中以水平面旋转的刺激是较强烈的，一定要看孩子的反应，若出现脸色发白、发红、冒冷汗、傻笑、兴奋、哭泣、呆滞想睡等反应的时候就要停止，不可以过度。家长们是想通过游戏提高孩子的适应力，但有的孩子经过太激烈的前庭觉刺激后会过度兴奋、焦虑、行为或情绪失控等，所以一定要拿捏好度。

以上促进前庭觉发展的游戏中最重要的就是安全，因为前庭觉刺激若太高，可能会影响到孩子的心跳、血压、呼吸速率等，并对身体产生不好的反应，若不是被确认有失调状况的孩子，基本上刺激只要平均给予就可以了，也就是生活当中有接触即可，尤其是前庭觉敏感的孩子更是要注意！

黄老师有话说

孩子的任何问题都必须先确认原因，之后再有的放矢地帮助孩子，这样教养会更加轻松。

问题一般需要多重评估后才能找到原因，再针对原因来处理问题才是根本。"确认后再行动"，一直是我和老师们、家长们经常说的话。

毕竟，直觉上我们都会想解决问题的方法而非找出问题原因，举例来说，孩子被老师说注意力不好，家长第一反应可能是上网或买书查方法，看看有什么方式能提高注意力，然后一一尝试。较少家长会在第一时间找出影响孩子注意力的根本原因（不过有些是专业人士才能判断的，家长本身若非相关专业，可能也很难找到原因）。

感觉统合影响也是关系孩子注意力的一个原因，是否由感统影响行为表现，是需要多方评估确认的。很多家长因为被学校老师"多次强烈建议"才到医院评估，有的家长说："我只是想来医院弄一张评估表，回去证明我的孩子是正常的。"有的家长说："为什么学校老师和其他家长总是说我的孩子有问题？他们到底凭什么这样说？"也有的家长说："我一定要到医院才能解决孩子的问题吗？"我也曾耳闻，有老师或别的家长因为觉得某个孩子在集体中干扰他人，就直接认定他可能是某种问题，让家长带其去医院检查；有家长与老师之间的沟通发生问题，彼此都认为是对方没有把孩子教好。

我很感谢提醒家长的幼儿园、小学的老师们，因为他们了解到了早期疗育的重要性，但我更愿意看到家长能主动去观察自己的孩子，而不是等到被提醒了才注意孩子的行为。很多孩子的行为都是后天形成的，这是在孩子黄金期可改变的，家长们应该好好把握这个时期。我知道家长们带着孩子踏进医院需要勇气，那为什么不先从这本书开始，多花一些时间去思考孩子行为的原因，熟悉孩子的情况呢？

本体觉篇

　　关于自己身体所在位置的感觉，主要是接收来自骨骼、肌肉、肌腱、关节、韧带、皮肤等部位传来的刺激，以便预计自己该怎么反应、做出什么动作及姿势。例如，我们闭眼也能将衣服脱下，这就是因为有本体觉的帮忙。

　　本体觉加上视觉的信息影响，能够帮助我们精确地处理生活中的事情，其中包含身体各种动作的流畅度，因为能事先预想到可能的结果，脑中便能规划出不同的应对方式，面对事情时的反应也会相对比较快。

身体概念

功能 ❶　　感受身体各部位在空间中的位置，从而帮助我们更好地运用肢体，如边吃东西边看电视，并不会因为眼睛在看别处而让食物从汤匙上掉落。

粗大动作发展

功能 ❷

可以让大动作更流畅，像走路时步伐的轻重，或灵活运用关节来进行爬行、跑、跳等各种动作。

精细动作发展

功能 ❸

手部的动作：捏、压、转、按等手部动作以及工具、文具等的灵活使用，例如，写字是否会太用力或太轻，着色是否在规定范围内，做美术作业时撕、贴、剪是否准确，管弦乐器按压是否精准。

口腔发展

功能 ❹

影响咀嚼、吞咽功能，以及发音、表达、语言学习能力。

身体两侧协调能力

功能 ❺

是否能整合身体两侧协调、有效地做事情，各种运动、舞蹈都需要此能力。

肌肉张力

功能 ❻

维持正确的姿势，帮助维持正常的肌肉张力。

动作计划

功能 **❼**

控制身体各部位的动作，并决定要使用多少肌肉力量处理事情。感知动作的速度、方向与时间点，并预测之后的动作。这也与到新环境的适应能力相关。

调节作用

功能 **❽**

输入本体觉刺激，如肌肉的收缩、关节的活动，可以帮助调节触觉及前庭觉的过度敏感。

从以上可发现，本体觉与动作发展紧密相关，若本体觉的调节或区辨能力不佳，生活中衣、食、住、行功能的执行就会不协调、没有效率，从而造成大大小小的困扰，尤其是姿势与肌肉张力的问题，若不及早发现、介入的话，很容易产生心有余而力不足的感觉。

本体觉篇

孩子常常肢体不协调，

主动参与活动的意愿低，

爸妈该怎么办？

小儒已经是小学二年级的学生了，但非常胆小。在治疗室里，他把每个器材都问了一遍，却不敢拿起任何一个玩。

"如果有想要尝试的，可以问我啊，我可以教你怎么用。"一个小时的相处中，我大概讲了五六次这句话，小儒却始终都没有主动开口说要玩哪个器材。

我问妈妈带孩子来评估的原因，是身体方面的还是学习方面的。妈妈表示孩子平时表现都还不错，成绩也名列前茅，但在跟同学的相处上有点问题。她在网上看到职能治疗可以评估人际关系是否跟身心发展有关，所以就挂了号。

"小儒妈妈，您真的很不简单，一般家长就算知道职能治疗，也未必愿意带孩子来医院就诊，通常只会让孩子去参加一些改善人际关系的培训课程。"我称赞道。

妈妈不好意思地说："其实我跟我先生也有过一番唇枪舌剑的，他好不容易才同意我带孩子来医院。他总是看不起孩子，说他没有男子气概（已修饰过，原话是'不像个男人'），生了个儿子，结果还不能跟他一起打球，还怪罪我教养小儒有问题……"妈妈越说越激动，眼角泛起泪光，但又怕影响到一旁的孩子而尽量把声音放低，"所以，我想确认到底是怎么一回事。"

接下来，我请小儒跟我一起做开合跳十下，在做之前还先问了他会不会，小儒很有自信地说老师教过，上幼儿园的时候他就会了，妈妈也在一旁点点是我的教养有问题吗？

我想确认到底是怎么回事。

——小儒妈妈的坚持

头。结果，这十下跳完，没有一下是我们一般认知的开合跳，脚打开跟手在上方拍一下的时机总是没有对起来，结束后孩子跟妈妈不约而同地给了我一个尴尬的微笑，此时妈妈连忙解释说："他平常比较少练习啦！"

经过综合评估，我发现小儒的本体觉反应不是很好，身体两侧协调能力比较差，虽然没有影响学业，但对社交、运动、游戏等方面的影响较多，同学们都不喜欢跟他玩需要运用到肢体动作的游戏，甚至有的同学嘲笑他是"肢障"，因为外号不好听，他就时不时在学校跟人起冲突，甚至和同学对骂。

久而久之，小儒主动参与活动的意愿降低，不喜欢探索新的事物。因为他是个聪明、功课好的孩子，看到自己经过练习还是肢体不协调的样子，想必很受挫折，回到家爸爸又对他的表现不满意，种种原因让小儒的情绪起伏很大，挫折忍受度也因而下降，很怕做不好又要丢脸。

因为我已经发现小儒本体觉反应较差，所以对他的开合跳表现早已有了心理准备，当他们母子一脸尴尬的时候，我却很淡定地告诉小儒："这个动作本来就需要练习，常做的话会对你做其他运动帮助不少！"

评估结束后，小儒一脸开心地抱住我说："黄老师，我下次什么时候来上课呢？"

　　小儒的行为表现不是个性所导致的，而是偏向于本体觉反应不足。之前很多家长第一反应都是：孩子表现出来的样子就是这个孩子的特质。这样理解不能说完全错误，但从行为遗传学中可知，即使同卵双胞胎经历不同的成长环境，他们的思考方式、生活习性也都有可能不同；一个人在不同的地方生活后，观念、性格、生活习惯多少都会发生改变，因此，就算是个性使然，也有调整的空间。

　　很庆幸，小儒的妈妈愿意追根究底，而不是像爸爸那样把问题归咎于各种原因。小儒这样的男孩在求学过程中确实会比较辛苦，因为本体觉反应不足，动作就会不灵活，不仅影响日常生活，运动方面也很吃亏，尤其男孩在求学阶段运动社交很重要，他们常会比较彼此的运动能力。这正好是本体觉反应不足的孩子心中的痛点，因为运动能力不强而被嘲笑或被排挤，会导致孩子自信心不足、挫折忍受度差、逃避社交、排斥团体活动等状况都是有可能发生的。这时候建议爸妈们找专业人士评估，好好想办法了解孩子的状况，而不是自己一味勉强孩子反复练习，使用各种激将法让孩子"跨出那一步""突破心防"，这样会让孩子有抵触心理，适得其反。在了解孩子的实际情况后，家长们要做到面对孩子的任何表现都不惊慌，敏锐地观察孩子欠缺的能力，并通过增加适度练习的方式来补足孩子的基础能力，持之以恒，孩子在做相同动作时，就会明显比以前进步了。

如果孩子有以下表现，可能有本体觉反应不足的问题

饮食　　吃东西的动作很不流畅，常常会掉东西；不太会使用餐具，尤其是筷子，有可能要学很久或是拿的姿势很特别。

穿着　　学习穿、脱衣服的过程很漫长，对于动作的顺序很难理解，用眼睛看着做才会做得比较好，若在练习时分心看向别处的话，就会拖拉更久。

自理能力　严重受伤后常常反应不大，身上可能常会出现伤痕而不自觉；上下楼梯很不协调，可能不太会双脚交替，喜欢用某一只脚先走；使用动作很粗鲁，如关门总是很用力。

社交　对于学习新的动作会有些排斥，常不想去才艺班或跟其他同学玩耍，也因为动作、技巧不佳，别人也不太想跟他玩。

游戏

❶ 大动作技巧欠佳：跑步可能常跌倒，运用双侧的动作时不太协调，如交互蹲跳、开合跳、带动跳等。

❷ 球类运动技巧不佳：丢给他球或物品时常常接不到，经过练习后仍进步不大；动作力道控制不好，发球、传球都不准确。

❸ 精细动作技巧不佳：因为出力不精确，所以常常会弄坏玩具或撕破书本。

❹ 在游戏中，容易有挫折感，情绪反应大。

学校表现

❶ 文具的使用能力不佳：运笔技巧不好，拿笔的姿势也很特别，可能会拿得太靠前或太靠后，有可能常会把铅笔笔芯弄断；文具的使用需要练习很久，尺子、剪刀使用状况也不佳。

❷ 文具的使用力度不对：写字很用力或太轻，橡皮常常擦不干净或是把纸擦破，使用胶水时不是力气不足挤不出来就是容易一下子挤得太多。

黄老师有话说

我曾经也是个不擅长运动及游戏的男孩。

说到这里，我已经开始不好意思了，我怎么什么问题都有啊。但就是这样才造就了我对孩子的同理心。因为和他们有相似的经历，所以临床观察可以更细致，活动设计及难易度的拿捏可以更精准，不过最重要的还是我能够帮孩子把说不出口的心事与情绪说出来给家长们听。

常有爸妈戏称我好像会算命一样，为什么孩子平时的表现我都清楚？他们喜欢什么、讨厌什么，我都知道？其实，这都是因为我也有过相似的经历。

本体觉反应不足曾经对我来说也是一个很大的困扰，小儒进来的时候，我就仿佛看见了小时候的自己，所以我直接告诉小儒妈妈，如果她没有好好帮助孩子的话，未来还会发生些什么事情。因为除了我自己经历过的之外，我也看到了很多不同年龄的个案，尤其是男孩子不擅长球类运动的话，一路走来实在很艰辛。

曾经以为自己可能只是不擅长某种球类，直到我把球类运动几乎都苦练过后，才惊觉自己真的没办法掌握这门运动，接不到、丢不准、踢不到、发球不准……大家渐渐都不跟我打球了，更找不到人陪我练习，所以在求学阶段我通过运动结交的男生朋友少之又少，后来我就索性抗拒一切球类运动，其实不是我不喜欢运动，我也羡慕在球场上挥洒汗水的男生，但他们热血沸腾的样子都会让我感到惆怅。

大学为了重新开始人生，我去参加了热舞社，日夜苦练，好不容易上了台，但舞感却比别人差一大截；学瑜伽、普拉提等运动，总是无法理解老师所说的身体部位与动作要怎么做，想当然就一直做不标准；重量训练时，就算眼晴看着做动作，仍旧常常用错肌肉，明明要练某个部分的肌肉，却感到别的部位酸痛……内心从小到大累积的阴影已无法计算。成长的过程中只能不断地给自己正能量，或是找不同的事情做来转移这种挫折感，一直告诉自己要相信世界还是很美好，每个人都有长处……

幸好后来转机真的出现了！当在医学院职能治疗系读书，在专业领域中越来越了解自己的情况后，我就开始透过行为改变去训练、调整强度并勉强自己有计划地加强本体觉的调节，渐渐地身体发生了改变。本来我只能慢跑、简单地做一点运动来维持健康，27岁时才鼓起勇气去学游泳，到现在能轻松地连续游一两千米；球类运动虽然开始练习为时已晚，但运动时能更准确地使用自己的肌肉，遇到新的挑战不会一律拒绝；跳舞方面的活动都可以很快跟上。当然，重点并非学会这样那样的运动或技能，而是这种能够控制、使用身体的感觉真的是太棒了！但我还是会经常感叹：如果这一切能从我小时候开始该有多好！

所以，我要写这本书，并且在书中勇敢地说出自己曾经的问题，只为了能够帮助更多不被了解的孩子或是跟我一样对自己不解的人。不过跟我有类似情况的人，不见得是同一种原因，还是需要通过评估确认才行！

本体觉篇

为什么孩子爱打闹？

为什么孩子精细动作做不好？

　　因为作业总写不好，小学二年级的小豪被老师建议来做评估。

　　怎么写不好呢？他写字总是超出格子，写字又太用力，学字也慢，抄写时经常漏写，用橡皮擦时总是太用力而把作业本弄破……这样的结果就是不断被老师指正或误会不够专心，甚至常因为写字太慢，下课时间小豪还被老师留在教室里写课上练习，刚写完又上下一节课了。有时候一天当中没有几次下课可以休息，最多上个厕所。因此，写字给小豪带来了很大的挫折感，学习成绩也受到影响，渐渐地，他都不想上学了。

　　我跟妈妈聊到这种情况时，在一旁玩耍的小豪立刻接口说："我写字时，妈妈拿着橡皮在旁边看。她觉得我写得不好看，就会叫我重写，写不好就帮我擦掉，直到写好为止，有时候还会整页撕掉。她说只要我好好写就可以了，但我真的在认真写啊！……"

　　妈妈随即请我看看小豪是否有学习方面的障碍。我经过评估发现，小豪不只写字方面，其他精细动作也都不太擅长。文具到他手中很快就会坏了，比如，画画时把蜡笔弄断等。玩具也是一样，怎么提醒他要小心爱护，还是很快就会弄坏掉。有时是用力过头，像开纸盒拿东西，常把盒子撕破；有时是不够用力，拿玩具时常会不知不觉就掉到地上。小豪还有个比较严重的问题，就是不太会用筷子，吃饭速度慢，在学校用餐通常都只吃些简单易咬易吞的食物，不然就会因为吃不完而饿着肚子回家。

　　妈妈尴尬地补充："黄老师，是不是我没有把他教好？是不是我帮他做得是不是我没有把他教好？

是不是我帮他做得太多了，

让他没机会自己练习才会变成这样？

——小豪妈妈的自责

太多了，让他没机会自己练习才会变成这样？其实，他现在还要我们喂饭……但我们就是觉得他在学校吃得少，怕他长不高……"我听到后确实有点难掩惊讶之情。

此外，小豪在学校也是出了名的调皮，他喜欢打打闹闹，上课时总制造出很多声音：撞桌椅的声音、开书包的声音、拿文具的声音，就连他走路的声音都很大，往往是人还没到，脚步声远远就传过来了，很是让人头疼。老师和家长都觉得这是因为孩子学习差，故意制造出这样那样的声音宣泄情绪，或者是孩子有多动症。

其实小豪在读幼儿园时就已经有这样的情况了，他喜欢丢、抢别人的东西，爸妈虽然该教导的都没有少教，但仍旧以包容居多，以为孩子长大后自然就会懂事了。没想到进入小学后他反而变本加厉，以至于最后连个朋友都没有了。有段时间，小豪在家常常喜欢躲在书桌下或棉被里，妈妈一度怀疑孩子得了自闭症。

妈妈不断想要确认小豪是不是得了什么疾病。经过评估，我发现小豪的种种表现和他的感觉统合不好有关，尤其是他需要很多本体觉的刺激，所以会通过打闹游戏、碰撞同学等行为来输入本体感觉。妈妈在知道孩子各种行为背后的原因后，沉默不语。

过了很久，妈妈才说："我虽然也怀疑孩子可能有什么问题，但一直没有做好面对的准备，所以拖延到现在。结果发现原来没有那么严重，但因为我总用自己的想法来处理，没有让孩子及早得到帮助。希望黄老师能好好指导我，我会全力配合的！"

　　小豪的情况看起来跟小儒很像，两个孩子都倾向于本体觉反应不足，只是小豪需要更多的本体觉刺激，所以会主动寻求，并希望肌肉与关节可以通过出力得到刺激，行为上就有很多动作都是在使用力气上。这样的孩子有的会很容易累，因为平常花太多能量在出力满足自己的本体觉需求上，只要累了就容易注意力不集中，做事没有效率。

　　从上面的事例可以看出，光是本体觉的寻求这一个方面，就会对孩子的生活自理、人际交往、情绪控制、学业成绩等产生诸多影响，甚至还会让妈妈到了遇到一种情况就怀疑孩子得了一种病的地步，从学习障碍、多动症猜到自闭症，但评估后才知道之前的那些担心根本就没必要。

　　小豪的妈妈能在第一次见面的时候就问我是不是教养问题，真的实属难得！因为我遇到过不少家长都希望听到孩子是的问题，而并非是自己的教导方式出了问题。但是他们还在喂小学二年级的儿子吃饭这件事还是挺让我吃惊的。如果在几次评估或治疗课后发现照顾者的教养方式影响所占比例偏高时，我通常都不会直接告知，因为不确定爸妈们是否有足够的挫折忍受度，也不确定他们之后会有什么反应，为了孩子好，我还是会选择让爸妈们慢慢体会，或是婉转地传达给他们。

　　这类型的爸妈偏向"解决当下问题型"，没有积极寻找问题的原因，如果在上小学前，各种压力都比较小、还有很多练习时间的时候，爸妈们就用对的方式帮助孩子补足所需的能力，那之后就不会因为赶时间而做出许多情急之事了。

如果孩子有以下表现，可能存在本体觉寻求的问题

饮食 喜欢吃口香糖或其他有嚼劲的食物，比如较硬的软糖、果干、肉干、饼干、水果等。

穿着 喜欢穿紧身的衣物或是将鞋带系得很紧，喜欢咬衣服、文具、玩具等。

自理能力 走路时用力踏步，喜欢用力拍打东西或拿毯子、棉被包裹自己，常咬指甲、吸手指，喜欢被拥抱或窝在狭小的地方（会有安全与冷静的感觉）。

社交 表现出侵略行为，如踢、咬别人或靠对方太近。

游戏 喜欢打斗游戏，尤其是要出很多力气的；喜欢丢东西、搬动重物；喜欢碰撞他人、物品、家具或是墙壁。

学校表现 喜欢追打同学，可能会引起同学反感；坐着时，常动来动去或不停地换姿势；常在游戏或打招呼时出手力道过大，导致他人误会，产生不愉快；使用文具或工具时都很用力，常会将其弄坏。

爸妈请注意

该如何促进孩子的本体觉发展呢？

其实，我们在生活中不知不觉都会使用到本体觉，比如一些不一定全靠视觉帮忙也能顺利完成的事情：在微光中穿、脱衣服；边看电视边剥花生吃；边聊天边打毛线；看着乐谱演奏乐器，演奏时长时间地看着乐谱；在口罩或衣服后面打活结；使用计算机打字时可以盲打；打网球时不用一直看着球拍等。本体觉调节良好的话，可以使我们顺畅地做事情、做运动。但相反，本体觉调节不佳的人，做事就不顺畅。这也就是为什么有些人总说自己运动细胞不够好、没有舞蹈细胞等等。

因为本体觉跟身体的各种动作相关，所以生活中很多活动都能帮助本体觉的发展。从大动作的跑跳、球类运动到精细动作的工具、文具使用都可以。除了先天因素造成本体觉的调节、区辨不佳之外，不少孩子是后天刺激不足导致的。所以一定要让孩子多动，从日常生活中的小事开始，比如，把搭电梯改成走全程或分段走楼梯；不赶时间的话，放学走回家或走一两站路；可以在公园里跑跑、走走、跳跳。精细动作方面可以多玩组合型玩具，各种要组起来跟拆开来的积木；串联玩具，像穿珠珠、拼花片等。这些玩具都没有的话，可以让孩子帮忙做家事，搬搬小物品也是很好的本体觉刺激，进阶一点的话，可以参考下面的游戏增加强度及频率。

爸妈一起来 促进本体觉发展参考小游戏

口腔运动

游戏 ❶

- 吃有嚼劲的食物：硬一点的面包、五谷杂粮饭、肉干、果干、口香糖、较硬的软糖等。
- 用细的吸管吸仙草、果冻、布丁、酸奶等半固态或较浓稠的饮品。
- 吃比较硬的食物：饼干、坚果、石榴、苹果、香瓜、花椰菜、小黄瓜等。
- 玩含有"吹"的动作的游戏：吹口哨、吹泡泡、吹气球，或是在干净的地板上吹球前进。

手部运动

游戏 ❷

- 玩大块黏土、面团：揉、捏、搓等。
- 玩翻绳、组合型的玩具（积木、花片、棍棒组等）。
- 拉弹力带：脚踩住中间，双手往上拉或直接拉开（胸前、背后）。
- 画画或写字时可使用小黑板和粉笔，或需要用力才会有颜色的蜡笔，可把黑板或纸放在垂直的墙面上，让孩子抬起手来画。

跳跃游戏

游戏 ❸

- 跳跳床（弹簧床）、气垫床、有弹性的软垫：跳跃时这些辅助器具可以给肌肉、关节以力量反馈，可提供大量的本体觉刺激，也能帮助整合眼球动作。
- 跳房子（或跳格子）、跳远：在地上用瓷砖或用有色胶带贴线制成房子（或格子）。
- 开合跳、单脚跳（原地或前后）、跳跳箱等。

球类运动

游戏 ❹

- 抛（肩膀下）、丢、掷、投（过肩膀）、拍、接、踢、打等动作都可以刺激到本体觉，球类包含使用球具的球类都可以用来锻炼；健身球因为体积、重量较大，可提供的刺激也大。

户外游戏

游戏 ❺

- 拉或吊单杠、攀爬、跑跳、挖沙子等。

平衡游戏

游戏 ❻

- 若有安全的平衡木，可以试着练习。
- 日常生活中可走在路边石稍微高起的一排上练习平衡能力。
- 公园中的摇晃吊桥也可以进行锻炼。

徒手游戏

游戏 ❼

- 小牛耕田：孩子趴姿，爸妈在后方抬起孩子双脚，孩子双手伸直撑地前进，头抬起来，眼睛看前方。
- 大熊走路：孩子四肢着地，背部拱起，用手脚一起撑地走路，手肘与膝盖不碰到地面，头抬起来，眼睛看前方。
- 匍匐前进，背上放玩具不掉下来。

团体游戏

游戏 **❽**

通过刺激的游戏，增加身体肌肉关节的感觉。

- 木头人（常见的游戏）：孩子必须用感官来注意自己是否被抓、被救。

- 老鹰抓小鸡（人越多越好）：有丰富的本体觉刺激。

- 比腕力：手肘撑在桌面上，两人用同一侧的手，手掌交握或是手腕勾在一起，比力气大小，看谁能把另一人的手压在桌上就是赢了。

- 超级比一比（至少两个人玩）：事先准备好题目（人、事物、动物等），不说出题目，靠比画、模仿让对方猜。→进阶：题目可以升级为一句话、一个名词或成语等，用比手画脚的方式让对方猜，通过肢体语言练习来增加本体觉刺激。

- 模仿动作游戏（至少三个人玩）：一个人出题（做动作或口述），其他人模仿他的动作，越快越好，慢的人或错做的人就输了。例如，口说右手放左膝盖、左脚踩在右脚上、鼻子碰左肩膀。→进阶：可以用猜拳的方式（至少两个人玩），选3～4组动作，猜拳后赢的人开始做动作，另一人的动作不可跟出题者相同，相同就输了，例如海带拳：双手模仿海带的动作，向前方、上方、下方、左右活动。

其他相关运动

游戏 **❾**

- 伏地挺身、棒式(图1)、桥式(图2)、仰卧起坐、小飞机(图3)、蹲马步到起立、青蛙跳、交互蹲跳、跳绳、攀岩等。

- 学习体操、舞蹈等一些需要肢体顺序性的活动。

- 帮忙做家事，打扫、搬物品、收拾玩具、擦桌子等。

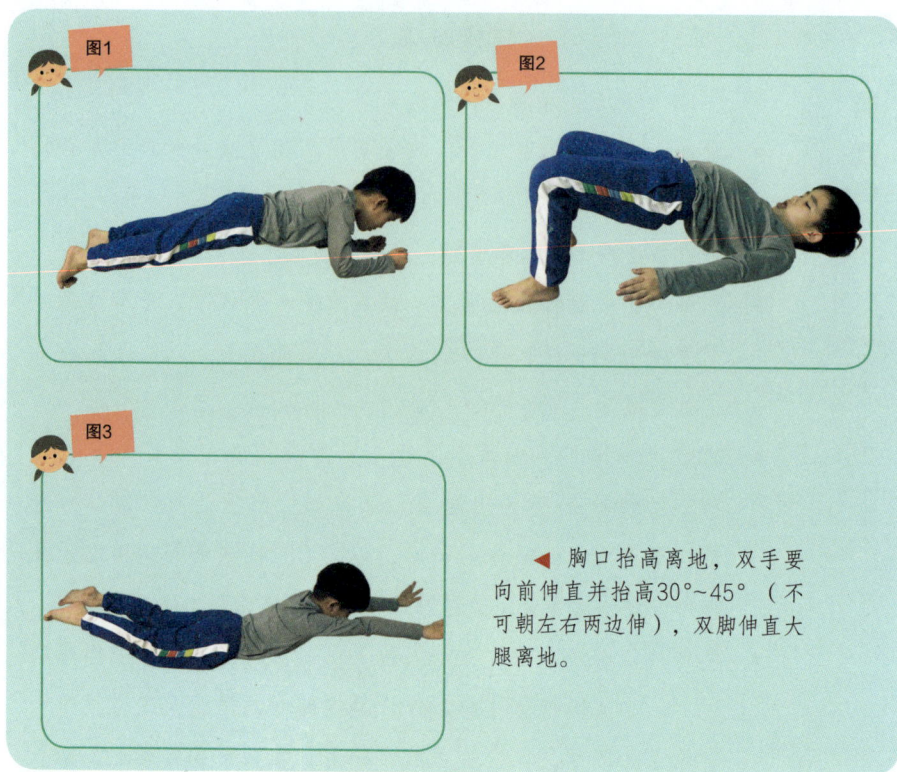

◀ 胸口抬高离地，双手要向前伸直并抬高30°~45°（不可朝左右两边伸），双脚伸直大腿离地。

游戏中须注意的小提醒

★对有本体觉问题的孩子，爸妈可以这样布置游戏环境：

① 安全第一：有本体觉寻求的孩子，很容易因为用力过猛而受伤或吵到邻居，所以环境及所使用的玩具、工具都要特别注意。如果在户外的话则要小心碰撞到人、物品、车子等，尤其是进行球类运动时。

② 给予刺激的方式要循序渐进：不论方式还是强度都要循序渐进，因为

本体觉是在动作经验中调整的，需要通过重复练习来改进。练习的过程中很容易会经历不流畅、不协调等反复的过程，有的孩子会因此而不想继续，觉得没有成就感、丢脸、辛苦，此时爸妈一定要沉住气，好好地观察孩子在什么状况下开始表现不好的，及时做出调整。

★对本体觉反应不足，很容易放弃游戏的孩子，爸妈可以这么做：

爸妈一定要注意是否是因刺激强度过大或孩子力气不足造成的。有的爸妈会想："这才刚开始，都还没玩几下啊！这就累了？"是的，这时候请把观念调整成"这一切都是正常的！"心情就会好起来了。因为爸妈必须要拥有好的心情与优雅的姿态来帮助孩子，才能给予他们正向的经验。能做到黄老师常说的"见好就收"，就会让彼此都开心。

上面提到的小游戏建议先从简单、轻松的开始，可以根据执行的程度判断是否需要调整难度、强度，也可询问孩子的感受，若他们打算放弃的话，就多鼓励看看，若还是拒绝那就下次再试。

在运动方面尤其是球类，孩子不容易掌握技巧，所以会表现得不够好，建议爸妈们可以仔细地分解步骤来分享自己的方法，比如告诉孩子：如何丢、接球，丢、接球时要用身体的什么部位什么动作才会精准；如何拍球才能连续地拍；如何跳格子才可以双脚同时放在不同的格子里；……一步一步地教导与分享，刚开始家长可指导，而后渐渐减少指导，让孩子自己去体验。

以上提到促进本体觉发展的游戏，很多都是在日常生活中可以轻松执行的，基本上如果孩子没有出现特殊状况，就按照原来的方式生活即可，有时想加强一下锻炼的话就参考上述的游戏多带着孩子练习。

黄老师有话说

让孩子多多探索与锻炼，就能在生活中得到更多本体觉的刺激。

现在常见的情况是照顾者让孩子参与和锻炼的机会太少，孩子不想走的时候就马上抱起来，孩子不想动的时候就帮他们拿东西、背书包，孩子有刺激需求时，照顾者为求方便或安全考虑会马上制止。这种后天造成本体觉刺激不够的原因大概分成以下两种。

❶ 爸妈们自己没有时间带孩子

忙于工作的双薪家庭的父母，会将孩子白天交给幼儿园老师、保姆或长辈，晚上下班后由于很累，多半无法对孩子除基础照顾外（吃饭、洗澡、哄睡觉等）再给予其他特别的刺激，就算有，也是室内静态活动，比如拼图、念绘本、亲亲抱抱、看电视等。如果只有周末两天才能跟爸妈相处的孩子，所得到的刺激往往不够。此外，如果爸妈没有特别规划怎么教，基本按照孩子的喜好选择活动，那孩子就会只做自己习惯的事情，接触其他刺激的可能性随之降低。加上孩子不在父母身边时，实际获得的刺激量与活动量很难通过观察去估计，大多都是由他人转述的。如果遇到的照顾者是报喜不报忧的或者自己也不知道刺激是否足够，又或者根本只是照顾起居与安全却没有带孩子额外进行活动的话，孩子就会渐渐演变成后天刺激量不足，从而错过成长过程中宝贵的黄金期。

❷ 爸妈们自己带孩子

有的爸妈虽然自己带，但往往不太知道要做些什么，表示光是处理生活琐事就很忙了，哪有心思做这个做那个；有的爸妈表示自己也懒得动脑筋去想怎么和孩子互动，孩子只要乖乖地不吵不闹就谢天谢地了，哪里还会去判断孩子是否有需求呢？建议这样的爸妈可以先看上面提到的孩子表现出的问题，思考一下自己的孩子在生活中本体觉刺激是不是不够，如果还有疑虑的话，可以请教专业人士。

从触觉篇到本体觉篇，可以看到几个反应过度、反应不足、寻求反应刺激的案例，在真实的情形中，一个人未必只有单一一种状况，有可能是同时出现好几种，也可能同一种感觉有时反应过度，有时又反应不足，还可能不同的组合之中有许多情况在跳换，所以在本书中只能先举几个比较单纯又典型的案例帮助家长们思考和分析。

本书中分享的临床案例，都是从感觉统合参考架构中推测的可能原因，因为一个人的行为表现背后实在有太多的影响因素，从母亲怀孕到生产结束、原生家庭的照顾与教养方式、父母亲各自的遗传基因、饮食与作息、接触的环境刺激与人事物、孩子本身的气质特性、身体内部的各种反应（自律神经、内分泌等）、孩子的发展状况以及他们是否真的有病理性问题，都是我们在判断时要一一厘清的，感觉统合理论只是帮助我们观察、分析，从孩子的行为去猜测大脑与身体的状况，进而加深对孩子了解的方式之一。

此外，还有其他的感觉调节，像视觉、听觉、嗅觉、味觉等都尚未提及，所以光是我们抽丝剥茧找到影响孩子行为的原因，都觉得不简单，何况是有可能只看到冰山一角的爸妈们呢？

小补充　爸妈们还要警惕什么？

何为警醒程度？

刚刚结束的第一部分，多次提到警醒程度（或清醒程度），警醒程度会根据每个人的身体状况而有所不同。通常是若有新奇、强烈的刺激时，警醒程度会提升；若没有什么特别刺激时，警醒程度会下降。

如下图，警醒程度在不高不低时，与环境中的互动会有最佳的表现，并且会获得好的专注力和学习力。如果想在环境中好好完成该做的事情，警醒程度太高时要想办法降低，太低时要想办法拉高。

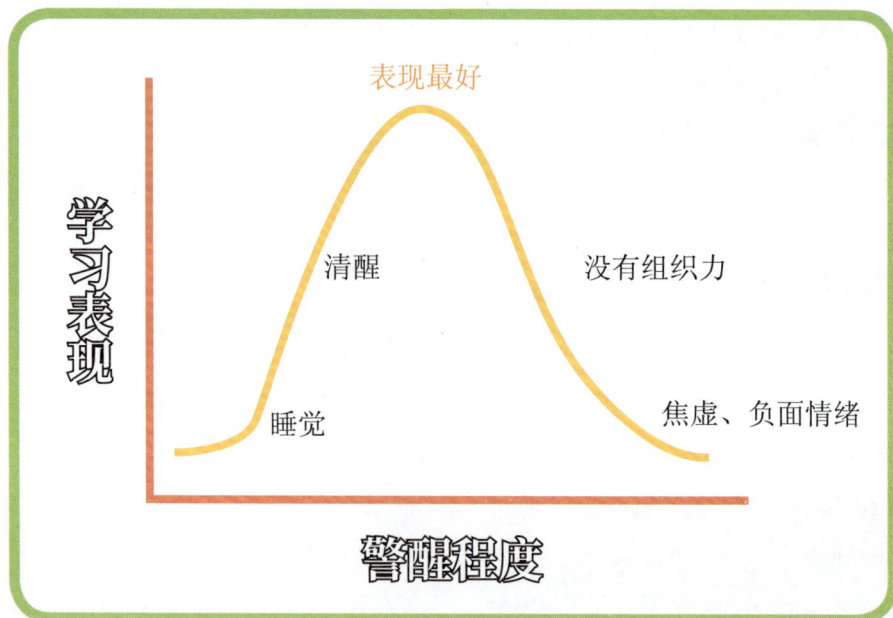

表现最好

学习表现

清醒　　　　没有组织力

睡觉　　　　　　　焦虑、负面情绪

警醒程度

警醒程度

太高 有焦躁、躁动、过于兴奋、静不下来的感觉。

偏高 感觉有精神、清醒、兴奋。

偏低 感觉没精神、不太清醒、反应很慢,对于外界的刺激迟钝、认知表现变差。

太低 呆滞、昏昏欲睡、易恍神,以至于没注意到环境刺激而错过很多信息,甚至发生危险。

感觉刺激可以增加或降低警醒程度,通常会使用触觉、本体觉、前庭觉的刺激。以下调整警醒程度的参考方式,成人及孩子都适用。

提升警醒程度

触觉
❶ 轻触觉:在脸部、手心进行搔痒的动作。
❷ 快速摩擦四肢皮肤、背部或用冷水洗脸。
❸ 吃有酸味、凉感或较刺激的食物:话梅、薄荷糖等。
❹ 喝冰的:汽泡水、柠檬汁(其他果汁不建议,因为糖分较高)。
❺ 有嚼劲或硬脆的食物:粉圆、果干、坚果、饼干、口香糖等。
p.s.尽量避免高糖食物或吃得太多,以免吃完后会昏昏欲睡。

前
庭
觉

❶ 快速或突然改变方向：快速折返跑、快速上楼梯、跳跳床等。

❷ 速度忽快忽慢的动作：变换速度的舞蹈动作或体操。

❸ 改变头部姿势的动作（可强烈一点）：荡秋千、滑滑梯、快跑、翻滚、原地转圈等。

本
体
觉

有阻力且具变化的动作：丢或拍大球、无规律地跳、抖动身体、伸展拉筋等各种运动。

降低警醒程度

触
觉

❶ 有节奏地轻拍或按摩肩颈。

❷ 用材质舒服的毯子摩擦或包覆身体。

本
体
觉

有阻力且节律性的动作：仰卧起坐、深蹲、搬东西、推墙壁等。

前
庭
觉

❶ 规律、轻缓、慢速地摇晃或荡：摇摇椅、抱着摇晃等。

❷ 持续不变的动作：静坐调息、平躺、深呼吸等。

深
压
觉

抱紧处理（深深的、稳定的拥抱）、按摩、用棉被包裹身体等。

如果老师或家长希望孩子能维持适中的警醒程度并取得更好的成绩的话，请让孩子拥有休息的时间，并鼓励他们多运动。当孩子出现不专心、分神的状况时，记得确认孩子的警醒程度和活动量是否足够，每个孩子所需的活动量及警醒程度的变化都不相同，要观察后才会知道，若只是一味地要孩子遵守规矩，他们累积的压力又不被了解，可能会让孩子有行为问题或出现逃避规范等行为，从而对身心产生不良的影响。

小补充

何为挫折忍受度？

当我精心设计好游戏、布置好场地后，开始邀请孩子们来玩，却听到他们说"看起来好无聊啊！""我不要玩这个！"等狠心拒绝的话，一开始确实会因此影响情绪，但身为专业人士，若治疗个案时没有把自己的情绪抽离，可能就无法达到治疗后的预期效果。于是久而久之，我对这些话产生了抵抗力，这倒并不是我麻痹了，而是我越来越会懂得孩子这样说的原因，是个性问题还是教养问题。我觉得先排除孩子是故意激怒他人的这个想法，临床观察到的大部分孩子是由于"挫折忍受度太低"，怕输、怕丢脸、不想看到自己做不好的样子，他们往往对没有十足把握的事情不会轻易尝试，不然就是要调整游戏的玩法、规则，所以他们常不愿意接触新事物。

黄老师在文章中不时会提到挫折忍受度，不难理解，就是对挫折的忍受程度，或是抗压性之类的意思。

挫折忍受度低、抗压性不好、"草莓族"等词，通过媒体看到、听到的频率越来越高。等我到医院工作后，接触到更多孩子，临床经验中发现现在的孩子普遍抗压性下降，时代进步、物质富足、社会的气氛与爸妈教养的态度等因素间接造成了这种情况。因为孩子从小不需要通过努力来得到资源，加上父母普遍会想办法给孩子最好的生活，孩子的成长过程中很少需要担心什么，所以遇到挑战或挫折时，常会想逃避、找人帮忙或出现负面情绪。

造成挫折忍受度太低的原因大致有两个：一个是教养问题，一个是能力问题。

从小就得到各种赞美，没有做什么特别的事或只是做到分内的事也会被大人过度称赞，总是听着"你很棒""你怎么这么厉害""这孩子太聪明了""哇，又是第一名啊！"这样的话长大，渐渐就会希望自己可以一直保持这么好，但年纪越来越大，遇到的事情越来越复杂，要维持卓越的表现真的不简单，所以他们就会直接选择不做。建议爸妈从小适度赞美孩子就好，并针对孩子做事的过程与态度赞美，比如说，"很认真""很努力""这件事做得很用心""这手工做得很细心"等。

其次，当孩子在某方面的能力有所不足时，与此相关的事情就会不擅长做，但爸妈有可能会在不知情的情况下，要求孩子去做他们不擅长的事情，比如说下肢肌肉低张的孩子腿部耐力很差，在接触跳跃、单脚跳及平衡相关的游戏时，容易累、跌倒，孩子会觉得丢脸，便倾向逃避或拒绝。此时如果爸妈兴致高昂地花了很多钱带孩子去游乐场玩，发现孩子不敢尝试相关的设施或抱怨脚很酸不想玩，爸妈有可能会耐着性子不断鼓励或甚至勉强孩子去玩，到最后结果未必会是快乐的经验。

由于孩子的身心尚在成长阶段，各种能力的发展进度本来就有所不同，所以他们表现出来的每一种状况都可以视为合理，只要根据不足之处加强即可。面对有某能力不足的孩子并不是一股劲地强迫或勉强他们去尝试，而是帮助他们加强该能力，再让他们慢慢地接触那些原本不愿意去做的事，此时爸妈、老师的观察能力就变得很重要了，要观察他们逃避的原因，再根据所观察的可能原因进行确认。

下次当您鼓励孩子去尝试新事物却听到孩子说"不要！"时，请先冷静一下，然后好好地了解背后的原因再做处理吧！

第 2 部分

Praxis

运用能力

通俗点说，把脑中想做的事情付诸行动，这样的能力就称为"运用能力"。它包括构想、计划、执行、结束四个部分。每个环节都由不同的因素影响，若其中有一个环节的能力不足，整个"实践行动"就会出现问题或不如预期的效果。

当孩子完成一件事的表现不尽如人意的时候，家长就需要好好检视下，看是哪个步骤需要调整了。

近年来，我常被问到一个问题："我的孩子每晚回家就做作业，明明作业也不是很多，却到11点也写不完，这到底是怎么回事啊？"通常爸妈们的提问都到此为止，线索实在太少，所以我必须要提更多问题来评估确认状况。

1 认知方面

回家的作息如何？作业是不是太难了？学习的状况如何？理解能力如何？是不是真的不会？是不是不会分配时间？

2 动作方面

拿笔姿势如何？坐姿如何？肌肉力量如何？是不是容易手酸？写字的力量太大还是太小？

3 视知觉方面

眼球动作如何？是不是阅读能力的问题？会看漏字或跳行吗？

4 感统方面

是不是活动量不够？是不是有感觉调节问题？

5 | **环境方面**

书桌上是不是太多东西干扰？爸妈在旁边盯着还是开着电视？爸妈一直要孩子把字写好看而不断擦掉吗？爸妈是不是没让孩子休息一下？孩子是不是不适应学校老师的教法？是不是真的作业太多了？

以上问题可能还只是"前菜"而已，了解一个人的状况真的不是三两句话就能说清楚的，虽然我在分享的临床案例中好像很快就知道答案了，但其实有些个案是需要观察一段时间或是不断评估才能确认的。不少爸妈往往希望快点知道结果而不是耐心倾听我的询问，不过如果没有确认清楚状况，真的很难给出建议。

当然我也可以选择告诉爸妈们，如果孩子作业很晚才写完的话，记得做到以下几点：

❶ 写作业之前让他们去运动10~15分钟。

❷ 学习20~30分钟要休息一下，可以起来走走。

❸ 书桌尽量只留与作业相关的东西，越简单越好。

❹ 环境要保持安静，减少干扰，爸妈可在一旁阅读或简单陪伴，但尽量不要玩手机或看电视让孩子分心，这样亲子会有一起做事的感觉。

家长们如果完全执行上述四个小叮咛的话，孩子写作业的效率会改善很多！这种套公式的解法，可能对大部分的孩子有某种程度的效果，是相对比较安全、保守的建议。有些爸妈可能在执行之后发现并没有改善很多，然后继续上网搜寻或买书查看有没有提升孩子学习效率的好办法，不断尝试输入关键词或翻开目录一条一条寻找"孩子拖拉怎么办？"之类的标题，看到新方法就尝试一下……这根本就是大海捞针，而且还会让一些能及早处理的状况就这样被耽误了！

回到这本书的初衷，是希望爸妈们能增加更多分析与观察孩子的能力，跟着黄老师一起拆解问题，像侦探一般观察、评估、思考、推理和想办法，如果没这种能力也别气馁，至少在治疗师提问的时候，爸妈们因为对孩子有过细心观察，能向治疗师交代得更清楚。这样一来，准确地提问也才能得到准确的答案。

以感觉统合的架构来探讨的话，运用能力当中的"姿势控制"及"感觉区辨"两个因素会影响到两侧协调（肢体协调）和身体运用的能力，这些会在后面的篇章中一一和大家分享。

姿势篇

　　许多家长都关心孩子的姿势问题，因为如果孩子在站或坐时没有良好的姿势，就会看起来没精神、观感不佳，甚至读书或使用电子产品时也会因为姿势问题影响视力，继而影响到身体的发育、身形的塑造，比如产生驼背、脊椎侧弯等问题。很多大人也因为现代生活的形态改变（使用手机、计算机等产品）、缺乏锻炼等因素，产生姿势方面的问题，比如容易腰酸背痛、肩颈僵硬、体态不好看、腰椎和骶骨出现问题等。其实有些人可能从小就有些问题，只是长大后越来越严重，若能早一点了解自己的情况并调整，就能减少许多不好的影响。

　　不知道大家是否发现，有些人即使不太注意自己的姿势，也能站得很直、坐得很正、走路挺拔有气场，但有些人只要稍不注意或松懈下来，就会东倒西歪、驼背、挺肚子，缩成一团。有些孩子时常需要大人不断提醒要坐好、站直，这就跟所谓的姿势控制有关。

姿势控制的能力会受到肌肉骨骼系统、神经动作系统、感觉统合及学习经验的影响，本篇会以感觉统合所影响的肌肉张力为主，来分享几个常见的临床案例。

小知识点

肌肉张力是肌肉放松时，被动拉扯所产生的阻力，或是维持姿势时不刻意出力的表现，这里特指后者。

若是肌肉张力低下或是肌肉力量不足时，我们除了容易肌肉酸痛之外，也容易感到疲惫。这是因为肌肉力量无法让身体维持正确的姿势，或尽管能维持，但维持的时间过短。

为什么肌肉张力会低（肌肉低张）？

原因❶

脑伤，例如脑性麻痹等。

原因❷

疾病，例如唐氏综合征、普拉德–威利综合征（小胖威利症）等。

原因❸

其他不明原因或后天的环境刺激不足、营养不良、内分泌问题、感觉统合不佳等。

　　感觉系统中的前庭觉、本体觉、视觉会参与主动动作的知觉及姿势等的发展和运用，像肌肉的张力与平衡、头部动作的认知与协调等，所以，肌肉低张的原因有可能是因为这三种感觉的调节状况不佳所引起的。

　　本书分享的肌肉低张案例是以感觉统合或不明原因（常见是遗传）为主的，确认与疾病无关，脑伤或疾病所造成的肌肉低张往往比较明显、典型，婴幼儿时期就可以有专业人士介入治疗。我在这里分享的临床案例为非典型的低张，一般人可能会觉得没关系，有时有点小困扰也能继续生活，常被认为是有个性或身心特质，但这样的低张状况可能引起爸妈对孩子的认知错误，造成亲子关系紧张，参考很多教养方式都不得其法的原因可能就是来自于这种隐形问题——肌肉低张。

　　身体的各部位都有可能出现肌肉低张的情况，主要表现为肌群伸直、势稳定度不好、平衡反应不佳，临床发现有的孩子是局部肌肉低张比较严重，有的孩子则是全身肌肉都有低张的状况，且程度不一。以下分享的案例会分别说明各部位常见的状况。

　　肌肉低张的问题若非十分严重，其实是很容易被忽略的，所以很容易对以后的生活造成困扰，因此我想借助这些案例让家长们思考一下自己的孩子是否有类似的问题。

姿势篇

为什么孩子讲话不清楚，
整张脸常是垮下来的？

小玉被妈妈带来治疗室的时候，显得十分不高兴。一个6岁的女孩，看起来并非心情不好，但却面无表情，整张脸垮得厉害。再看女孩的站姿，我心里大概就有底了，但保险起见还是先跟妈妈确认一下："孩子是不开心吗？"妈妈无奈地说："没有啦，她平常没事的时候也都是这个表情，我们也常问她是不是不高兴，但她又说没有。"

访谈中得知是幼儿园老师建议小玉来做评估的，老师说她上课时常两眼发直、眼皮下垂，不像同龄孩子那般有活力、表情丰富，而且小玉在幼儿园不爱讲话，没有什么朋友。她为此十分沮丧，但却不知道问题出在哪里，便常回家跟爸妈说同学都不太想跟她玩。

"我们都觉得孩子只是比较文静，没想到居然被老师建议来医院，起初我们真的是一头雾水，很纳闷，我们小玉到底哪里不正常了？老师是不是太小题大做、矫枉过正了呀？后来想想老师也有她的考虑，加上孩子老说没朋友，就来看看治疗师有什么建议。"妈妈补充道。

"那她平常是不是有嘴巴张得开开的、不容易闭起来的状况？是不是会不小心流口水？还会挑食，是吧？"

妈妈惊讶地说："您好厉害！全部都有！我经常提醒她要把眼睛张开、嘴巴闭起来，不然很难看。尤其是当她专心看书、看电视或玩玩具的时候，嘴巴

我们都觉得孩子只是比较文静,

老师是不是太小题大做、矫枉过正了呀?

——小玉妈妈的烦恼

都开开的, 口水还常常滴在地板、书桌或玩具上。挑食更不用说了, 只吃软的不吃硬的, 如果是有嚼劲的食物, 她基本上都会拒绝, 不然就是随便咬几下就吞下去了, 之后又会闹肚子疼甚至便秘, 真的令我们困扰! 但请问一下, 这个跟小玉没有朋友有关系吗? 流口水跟挑食有必要来医院评估吗? "

"您有没有觉得小玉话少, 但讲话很快, 咬字不太清楚呢? " 我再次问道。

"确实有这样的情况, 我们常常要求她慢慢讲, 把话说清楚, 可是每次她都会生气不说了, 有时候还直接哭给我们看! " 妈妈一边说一边看着小玉。

经过评估之后我发现小玉的全身肌肉低张, 尤其是脸部的肌肉张力更低, 所以才会有以上的表现。

我告诉妈妈: "小玉的脸部肌肉低张, 本身嘴巴和脸部肌肉的力量就比较弱, 又容易放松, 所以她在专心做其他事时, 嘴巴就会打开或流口水、面无表情, 这样的孩子常被误会是个性淡定、冷漠等。至于讲话含糊、发音不清楚等, 是因为说话字正腔圆需要使用很多力气, 为了省力或力气小就直接这样说话甚至懒得讲话, 由于家长一般也能大致听懂, 所以通常这样的孩子很容易被忽略而耽误了及早训练与改善的机会。"

妈妈庆幸地说: "看样子, 我得好好感谢老师的提醒了! "

实际生活中，有不少家长都因为孩子的人际关系不好或情绪问题来咨询，结果发现是孩子脸部肌肉低张衍生出来的问题。

有脸部肌肉低张问题的孩子，一些会因为懒得讲话而变成"省话男生""省话女生"，遇到需要解释的事情也常常就此了事、不吭声、不辩解，因此他们想当然地被认为是对什么事都不在意，这让爸妈们很伤脑筋。此外，他们的表情也总是不讨喜的，感觉不好接近，在同学或兄弟姐妹中容易被冷落，性格也因此变得阴阳怪气、难以预测，影响到正常的人际交往。

也有些孩子因为舌头、脸部肌肉的力气不足，会影响到咬字发音，讲话比较含糊，这样的孩子甚至因为讲话太少而被误认为是语言发展迟缓。

还有些孩子因为脸部低张问题影响到饮食，因为他们懒得咀嚼或嚼几下就吞咽，这样的行为常常引起消化不良，而口腔因为得到的刺激少而变得触觉敏感，所以孩子变得更加挑食。

闭起嘴唇并把口水吞下去，这种动作在一般人看来再平常不过了，毫不费力，在脸部肌肉低张的孩子身上却需要费较多力气和能量，所以当他们没有专注在这个动作而放松时，嘴巴就会张开或流口水，影响美观。针对肌肉力量较低的部位及早并持续地进行锻炼，就能解决类似的扰人问题，并能增加孩子的耐力与体力，而受体力影响的注意力自然就会提升了。

如果孩子有以下表现，可能有脸部肌肉低张的问题

身体姿势　嘴巴容易合不上，专心或开心时会流口水。

生活表现	❶ 挑食：喜欢吃易咬、易吞的食物。
	❷ 吃东西很快，懒得咀嚼很久。
	❸ 常面无表情，好像心情不佳，懒得说话或咬字含糊，讲话语速快。久而久之，可能会发展成情绪不稳。
	❹ 社交能力差，缺乏人际交往技巧，团体活动时较常站在旁边观望。

爸妈请注意

该如何加强脸部肌肉的锻炼？

饮食	❶ 平时饮食中尝试加入一些有嚼劲或脆硬的食物，比如珍珠粉圆、汤圆、粗面条、肉干、果干、较硬的面包或饼干、干酪条、坚果、洋芋片、小鱼干、小黄瓜等。
	❷ 喝水时可以使用吸管，越细的吸管吸起来越需要用力，或是选择一些较黏稠的半固态饮品，像酸奶、米浆、绿豆沙、红豆沙等，或用吸管吸仙草、珍珠粉圆、布丁等有弹性的食物。但要注意练习时不要放太多，因为口腔低张的孩子本来就不爱咀嚼，不想用力，容易囫囵吞咽。另外还要注意，要以孩子喜欢的食物去引导，循序渐进地给，多鼓励不勉强。

加强技巧	❶ 刻意练习各式各样夸张的表情，用比较夸张的嘴形念一则小故事或说话。
	❷ 爸妈可帮孩子按摩脸部肌肉，舒压同时也能帮助刺激肌肉。
	❸ 吹泡泡，透过练习吹气的动作加强面部肌肉张力。

姿势篇

为什么孩子排斥投球动作，
还常驼背、站不直?

7岁的男孩小柏非常排斥球类运动，这让热爱篮球、排球、躲避球的爸爸十分不解。从小柏小的时候，爸爸就努力邀请他一起玩球，但无论怎么耐心地陪伴、教导都无法让他喜欢球类运动。而小柏在玩球的过程中一直对自己的表现不满意，所以渐渐地他就失去了信心，上小学后就直接拒绝接触球类了。

"从小跟他玩丢接球，他很少能接到，通常只会站在那儿等球来砸或是去追着捡球，到现在他双手抓单杠吊着还撑不过三秒。"爸爸无奈地陈述着。

除了球类运动能力不佳之外，小柏的上半身姿势也不太好，驼背、站不挺，相较于下肢的肌肉，上半身没那么结实，于是我问："如果不碰球类的话，他有喜欢或是擅长的运动吗?"

这样问下来发现孩子其实挺喜欢运动的，活动量也不小，而且很喜欢跑步、骑自行车、游泳，直排轮也很擅长，但爸爸还是很想知道为什么孩子没有遗传到他的球类运动基因。

评估之后，我发现小柏上肢肌肉张力较差，双手手肘伸直时超过180°（图到现在他双手抓单杠吊着还撑不过三秒……

——小柏爸爸的无奈

1），从过肩高度丢球的表现不太好，可以想象他做投篮、抢篮板这类的动作肯定也很吃力。此外，上肢肌力不足也会影响到他动作反应的敏捷度，因此台球、羽毛球、网球等也是令他感到沮丧的运动。

图1

手肘伸直正常情况

　　"小柏游泳时蛙式的速度应该比自由式快吧？"我问道。

　　"对啊！您怎么知道？这样也能看出来吗？"爸爸惊讶道。

手肘伸直超过180°

　　爸爸以为多让孩子运动并且让他学游泳、跳绳，应该就能增加肌肉力量，但因为小柏做的都是全身性的有氧运动，又比较着重下半身，所以腿部肌肉越来越发达，但上肢肌力的进步就很有限。

　　找到原因后，针对上半身的肌群加强训练几个月后，小柏开始愿意跟爸爸一起驰骋篮球场了！

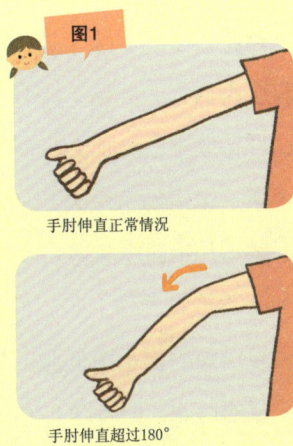

曾经有位爸爸问我："我太太是运动选手，为什么我们的孩子还会肌肉低张？"后来发现，原来是这位爸爸本身就有肌肉低张的问题，而且即便他听完了低张的描述与评估结果后仍没有自觉，像这样的个案就属于非疾病影响的低张问题，可能是不明原因或遗传所致。

有些个案确实是某些肌群的力量天生就比较差，比如小柏就是上肢的肌力比较差，因此影响了需要借助上肢的运动表现，如丢球丢不远，接球接不准，挥球拍的力量不够等，生活中拿东西也很容易手酸。若没有特别留意的话，其实很容易被忽略，大家都会觉得这不是什么大问题，只要多练习应该就会解决。有些男孩因为这样而不擅长球类运动，导致人际交往方面比较辛苦，但他们更糟糕的是心情：不知道为什么别人接球接得很好，为什么自己就是接不到。这已经不是集中精神或加油打气这般努力就可以做到的了。

肌肉低张影响运动表现时，并非反复练习那项运动就会进步显著，必须针对较弱的肌肉特别训练才会更有效，若感觉统合与肌力两者的加强足够，是可以进步很多的。除了遗传因素外，后天的影响主要来自于父母，如果爸妈自身有肌肉低张的问题，不喜欢运动，容易疲惫，就没有太多精力带孩子运动了。这样持续下去就成为一种恶性循环，所以遇到这样的个案，我一般都强烈建议全家一起运动，先离开房间到室外，从远离沙发、床、手机、电视，并在家附近散步开始循序渐进。

不论先天是否肌肉低张，后天若没有好好均衡发展感觉统合或运动的话，表现出来的样子跟低张的模样也很类似，乍看之下难以分辨，所以黄老师建议一定要运动，但方向与方式必须正确。

姿势篇

为什么孩子作业没写多久，

就喊手酸、手腕累，手指还常受伤？

　　因为不知道该怎么教导女儿，一对夫妻前来咨询。他们的主诉是女儿蓓蓓注意力不集中。

　　但在我细心询问下，发现蓓蓓其实常常情绪不稳、易怒、动不动就喊累、做事拖拖拉拉，都小学二年级了还不会自己收拾书包，凡事都是大人一个口令才做一个动作。

　　这些情况即使让这对夫妻头痛不已，他们还是坚持是孩子年纪太小或是天生懒惰造成的，认为多教导教导就好了，同时夫妻俩也自责没有让蓓蓓从小就养成好的习惯。他们认为蓓蓓注意力不集中的原因是孩子做事拖拉，导致睡眠时间不足造成的。因为蓓蓓吃饭要吃很久，学校作业即使很少也要写到晚上十一二点，途中还多次表示手酸需要休息，常常就这么写到哭出来，爸妈用了许多方式都无法让她早点完成，搞得全家人睡眠不足、家里气氛压抑，孩子甚至开始不想去学校了。

　　由于应付学业已花去大部分的时间，所以爸妈建议蓓蓓先暂停小提琴课程（已经学了3年，但进步缓慢）。这不仅是因为时间不够，练习不足，还因为蓓蓓每次练琴站一会儿就喊累，想坐着拉，学习态度不是很好，而且她手指怎么练习都按不好弦。夫妻俩觉得可能是天分问题，三番两次想要孩子放弃继续学孩子还是太小了，又比较懒，以后多教导教导就好了。

——蓓蓓爸妈的误解

琴的念头，但却引起蓓蓓极大的不满。

"我真的很喜欢小提琴！但我就是觉得累嘛！"蓓蓓眼里的泪珠开始打转。

蓓蓓妈妈说，蓓蓓在学校跟同学玩躲避球时手指也常挫伤，这样的状况学小提琴想想也是非常吃力的。

我在评估蓓蓓的肌肉力量后发现她全身的肌肉张力都偏低，尤其是手指的肌力特别不足，所以治疗室里有的瓶罐盖她转不开、剪刀使用得不流畅、写字也容易手指酸累。

"蓓蓓辛苦了，黄老师知道怎么帮你了，但你和爸爸妈妈要跟老师一起加油哦！"我安慰她说。

其实蓓蓓在进入小学前就有类似的状况，经常容易疲累，提一下东西就说太重，工具使用能力较弱，组合积木时也常拆不开，做事效率不高等。若爸妈或老师等照顾者们能在尝试过一些方式仍无法改善时，找找看是否有其他原因影响蓓蓓的话，便能避免许多的矛盾与冲突。

在经过一学期的加强后，蓓蓓现在小提琴拉得进步了很多，当然写作业等事情也不再困扰她了！

不少女生手的力气都不大，常见的是瓶盖转不开、果酱罐子打不开、拉环拉不起来、手提包提不久就会勾在手臂上等。临床上我也遇到很多因为手指低张而学不好乐器的，比如，压弦力气过小弦或位置按不准，但比较常见的还是文具和工具的使用问题。这是因为手指不擅长精细动作，且力量不足的关系。这样的孩子其实到了成人后还是会继续这样，手的肌力不够，导致出力做动作时容易会变成不正确的代偿动作，然后手动不动就会扭伤、发炎，形成"妈妈手"。

常听家长们说孩子上小学后写作业慢、动作拖拉，他们一般都是尝试用各种方法让孩子早点完成，如表扬、奖励、处罚，或是参考学习他人的成功经验、教养秘籍等，但其实除了教养方式或孩子天性的影响外，有时候可能是生理方面的原因造成孩子效率不高，而蓓蓓就属于这样的案例，而她爸妈却忽视了这方面的问题。

蓓蓓的爸妈来的时候还以为她是注意力不集中、挫折忍受度太低所引起的，根本没想到会跟肌肉力量有关。肌肉低张本来就容易累，累了自然会注意力下降、情绪不稳，当孩子心有余而力不足的时候，会更加沮丧。有的爸妈会认为孩子作业写得慢是为了逃避责任或还不习惯学校生活，但其实有些状况在进入小学前就能发现，只要多留心观察孩子，早点了解孩子的状况，就不会等到产生困扰了才想办法。

如果孩子有以下表现，可能有上肢肌肉低张的问题

身体姿势

❶ 手肘会过度伸直超过180度。

❷ 手腕弯曲时大拇指可以碰到前臂（图2）。

图2

生活表现

1. 运动表现：手容易酸，没有力气，所以用到手的运动都会表现不好。如丢接球、投球技巧差，攀爬、攀岩、拉单杠等游戏手都没力。

2. 写字很容易手酸、手腕累，做作业很慢或很痛苦。

3. 工具使用、精细动作技巧差或力量不足。比如，剪刀用不好、订书机压不下去、打不开各种罐子、需要组合的物品组不好、绑绳打包或绑鞋带没力气等。

4. 重复性的动作时，手容易挫伤、扭伤。如接球、写字时间长容易得肌腱炎。

5. 拿或抓东西很容易累、拿不动。如提包喜欢用手肘弯起来勾着或挂在手腕上、背在肩上等。

爸妈请注意

该如何加强上肢肌肉的锻炼？

【原则】

现在无论大人还是孩子都很少用到上肢肌肉，尤其是近端的肩膀。许多孩子因此造成近端的关节不稳定，进而影响远程的手指精细动作不佳、没力气等。我一般都会建议不要只锻炼手指的力量（不少爸妈都只给孩子练手部），而是要连整个上肢一起加强锻炼，不然练习效果可能会打折扣。

近端肌肉（肩膀、上手臂）

❶ 本体觉篇提到的徒手游戏（请参照P.72）。

❷ 球类运动（丢接球，保持过肩膀的高度）。

❸ 伏地挺身、攀岩、拉单杠，多做把手抬高过肩的动作，比如帮忙打扫、搬动物品、收拾玩具、擦桌子、擦门等。

远程肌肉（前臂、手指）

❶ 触觉篇所提到的黏土游戏（请参照P.33），可以进阶玩大块一点的。

❷ 本体觉篇所提到的手部运动（请参照P.74），可以视情况加强。

❸ 可多捏略大于掌心的弹力球、握力器等等。

特别收录 训练手部力量的黏土游戏

手指压洞洞、拉长长

训练目标： 可分开训练不同手指的力量。

示范黏土： 硬度为"中软"的运动黏土。

游戏方式： 把黏土做成厚度约1厘米的圆饼状，请孩子用不同手指的指尖分别按压黏土，压到底（若指尖控制还不够的话可用指腹）。

指尖压到底

参考玩法

玩法1：用指尖压到底之后，用第一指节的指腹压着，边压住边向黏土外部拉长（可比较自己哪只手指压得最深、拉得最长）。

玩法2：可放小豆子或小珠子在黏土中，请孩子找出来，用玩法①的方式把小豆子或小珠子拉出来。

玩法3：可进行小竞赛，大家比用同一只手指所拉出的长度，或是相同时间内可完成几个标准的要求，或是同一时间内可以拉出的豆子有多少。

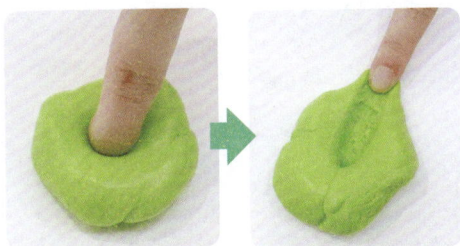

示范黏土：
硬度为"硬"
的运动黏土

示范黏土：
硬度为"中软"
的运动黏土

黏土快手

训练目标： 训练孩子手指的力量与稳定度，以及双手合用的协调度。

示范黏土： 硬度为"中硬"的运动黏土。

游戏方式： 把黏土做成粗条状（越粗越难），用手指快速把黏土拔成指定数量的小块，拔好后用不同手指压扁扁做成饼。

参考玩法

玩法1：揉成粗条状。　　玩法2：用手指快速拔成小块。

玩法3：用不同手指压扁做成饼。

避免牵丝

◆ **参考玩法**

可用竞赛的方式增加趣味性。

◆ **注意事项**

这种拔成小块的方式要提醒孩子避免黏土牵丝，要很利落地拔，牵丝的不能算，要重拔。因为牵丝的话表示力量不足、速度不够快。可视孩子情况调整难易度。

姿势篇

为什么孩子总是像趴趴熊一样坐着，
站着时好像没骨头一样？

案例分享四

读小学一年级、身高140厘米的阿伟走进治疗室时，我马上就发现他的肩膀一边高一边低，还有圆肩的状况。我本来还在想会不会是钙质不够或书包太重造成的。但阿伟的妈妈告诉我，阿伟的身高比其他同学都高，但驼背严重到看起来像是135厘米，驼背让他看起来没精神，爸妈怎么提醒他都没用。孩子常抱怨平常就已经很累了，还要抬头挺胸、坐正，让他觉得更疲惫，母子俩常为此闹得不开心，一天当中要花很多时间在纠正姿势上。

跟妈妈交谈的同时，我请阿伟坐在椅子上拼装积木。他坐在椅面的前半部，上背部斜靠在椅背上，下背部跟椅背中间隔着一个大空隙，一副随时都要从椅子滑下去的样子。再往下看，我发现他的脚勾着椅脚，正以一种巧妙的平衡让自己维持在座位上。接下来的时间，阿伟的姿势不断变化着，但无论怎么坐就都不是我们印象中的正确坐姿。

"老师您看，他就一直像现在这样坐没坐相，常常手撑着头或托腮，看书写字时也这样，怎么说都不听。为此我跟他的班主任吵了快一学期了，他一直

他就一直像现在这样坐没坐相，常常手撑着头或托腮，

看书写字时也这样，怎么说都不听。

——阿伟妈妈的抱怨

说阿伟的学习态度差、上课漫不经心，要我在家里好好管教，甚至要我带孩子到医院检查，我真的快被气死了！一个这么小的孩子怎么会这样累？"阿伟妈妈一通抱怨。

此时的阿伟已经直接趴在地上玩了，我的目光不小心从孩子的身上转向了驼背讲话的妈妈，而她似乎也察觉到了自己那不标准的坐姿："哎呀，其实我跟孩子的爸爸也都这样，姿势不正确，看起来没精神又容易腰酸背痛，经常要去找人按摩，还差一点就要脊椎侧弯了。我们就希望他别像我们这样，所以从小就盯着他，怕他长大了就成习惯改不过来，结果怎么讲他都不听！"

通过临床评估再确认后，我告诉妈妈："其实阿伟的情况属于背部肌肉张力较低，如果父母亲有一方这样的话，孩子也很容易出现这种状况的。这需要针对肌肉低张的部位加强锻炼才行。不如你们一家三口一起运动吧！这样孩子也不会觉得只有他被要求，还可以互相鼓励呢！"

肌肉张力正常的人，一般来说不需要特别提醒就能保持良好的姿势（我们使用手机或计算机做事情而造成姿势不良的状况除外）。如果在自然状态下会"忘记"保持正确姿势，并为该姿势感到疲累，甚至需要反复提醒的孩子或大人，就有可能是肌肉低张的情况了。

最常见的不良姿势就是驼背，而且核心肌群低张的孩子爱趴在桌上，因此容易引起大人的注意。我一般会建议从肌肉力量特别弱的部位开始加强训练，虽然比较辛苦，但力量练起来之后，姿势与耐力都会有所进步，而问题也会一一改善。背部肌肉低张的孩子，在做"小飞机"这个动作时会很吃力、姿势不标准或无法完成，一般人至少能撑30秒，但有背部肌肉低张的孩子很快就会手脚掉下来或一直动来动去，临床评估也常用此动作来观察孩子的背部肌肉。

姿势篇

为什么孩子会驼背、挺肚子，
没办法从躺姿直接起身？

"黄老师好！"一个可爱的小男孩跟我打招呼。他叫小隆，是幼儿园大班的小朋友。现在他挺着肚子、驼着背站在门口，通过这样的站姿，我一看就知道他是肌肉低张的孩子。

妈妈一进治疗室就告诉我："小隆看书、画画、写字都趴在桌上，有时候跑步还会喘不过气来，我和他爸都担心他会近视或长大之后有脊椎侧弯的问题，想来问治疗师有什么办法可以改善他的这种情况。"

因为要跟妈妈先聊一下，我拿了张涂色画请小隆画，过了才不到十分钟的时间他就已经坐得歪斜了，时而趴着，时而托腮，后来干脆盘腿跪坐在椅子上。

做了评估测验之后，我发现小隆确实是腹肌力量较弱，别说仰卧起坐了，连从躺姿直接起身都没有办法，要侧身用手肘撑地板或抓着裤子才能坐起来。看到小隆连一个仰卧起坐都无法完成，妈妈惊讶地说："我根本没想到小隆的肌肉力量会这么差，毕竟在家没事也不可能会做这种运动。而且我看他常常自

我根本没想到小隆的肌肉力量会这么差，

毕竟在家没事也不可能会做这种运动。

——小隆妈妈的庆幸

己跑来跑去，活动量还算大，也很有活力，晚上还常常不想睡觉，怎么看都不觉得他会没力气啊。我们一直觉得他的姿势不良是态度问题，不能让他养成这个坏习惯。"

　　我在评估中还发现，小隆不只是腹部力量差，整体的运动反应速度都不太好，所以虽然看起来活动量大，却不喜欢从事需要技巧性的运动或团体游戏，多半是自己跑步、自己玩，而且小隆跑步速度并不是很快。

　　"因为别人都表现得比较好，他们有时候会笑我，所以我就不想跟他们一起玩，自己玩比较开心。"小隆在尝试了几次仰卧起坐都失败后，看着我们喃喃地说。

　　妈妈这才发现小隆上学不快乐的原因，本来以为是他的姿势常被老师纠正，觉得老师严格，不喜欢老师造成的，没想到原来跟同学互动也出现了问题。

　　妈妈感叹道："肌肉有没有力量的影响层面这么多，很难想到是这个原因啊，幸好我带孩子来评估了！"

腹部肌肉低张的孩子、大人，无论胖瘦都会常常挺着一个肚子或有很大的小腹，体态很不好看。如果有这样的情形，不妨做个仰卧起坐试试看，看动作是否标准。

肌肉张力低下也有程度之分，若非疾病或脑部神经造成的严重状况，一般来说都不太会被发现或注意到，但却会影响生活当中的小细节，实在是令人苦恼。而越早开始给予适度地运动训练则越有帮助，若过了小学时期或长大成人才发现肌肉低张的话，就需要更多、更努力的训练才能达到预期的效果，但因为长久以来已经习惯了不勉强自己，所以通常会不喜欢活动，若要认真地锻炼，在生理及心理方面都会比一般人辛苦很多。

如果孩子有以下表现，可能有核心肌群（腹肌、背肌）低张的问题

身体姿势

❶ 坐着或站着时都弯腰驼背、肚子挺出来。

❷ 有各种坐姿，但就是不会好好坐直，很喜欢靠着椅背。

❸ 喜欢趴着写作业或手撑在桌上托腮。

生活表现

❶ 影响生活与运动表现：反应较差、动作慢、不敏捷。

❷ 姿势不良可能会胸闷、呼吸不顺，这是因为头部氧气不足就容易昏沉、专注力不好。

❸ 容易腰酸背痛或受伤、闪到腰。

❹ 有可能衍生出脊椎问题，如脊椎侧弯、椎间盘突出等。

爸妈请注意

该如何加强核心肌群的锻炼？

【原则】

核心肌群是维持身体姿势以及保护我们躯干的很重要的肌群。核心肌群强壮的话，就像是穿着盔甲一般，但核心肌群薄弱往往很容易被忽略。

核心肌群力量差的话，不只是姿势不良，很多动作也做不好，运动效率也不高，因为没力量，不够稳固，就容易受伤，像是闪到腰、扭到脊椎，现在因为核心肌群力量不足造成腰椎受伤的年龄层逐渐下降，也有因此形成脊椎侧弯的个案。

所以不论年纪大小，不论是否有核心肌群低张问题，好好锻炼这部分的肌肉都是非常必要的，建议锻炼采取高强度、低频率，以缓慢的方式进行，会有比较好的效果。

加强核心肌群运动

❶ 棒式撑地至少30秒。

❷ 仰卧起坐：双手抱胸不放在颈部，双腿可以弯曲拱起，不可因求快而使用惯性把身体带上来，进阶的话可以手拿水瓶来增加重量。

❸ 采取躺着的姿势将双腿伸直，脚掌下压，做打水的姿势，脚离地10~15厘米（练习腹直肌）。

❹ "小飞机"：四肢及头颈都上抬离地，双手双脚向前伸直，肚子在地上，至少持续30秒。

❺ 腹式呼吸：吸气到肚子而不是胸腔，鼻子吸气后用嘴巴吐气。

❻ 儿童体操、瑜伽、普拉提运动。

姿势篇

为什么孩子不擅长站立，
常重心不稳难以久坐？

看着快三岁的甜甜在治疗室内开心地跑来跑去、爬上爬下，走平衡木如履平地的样子，妈妈对我说："黄老师，真的快忘了她之前不会走路的样子了！很感谢您的帮助，也感谢当初那个不顾众人反对、坚持带女儿来评估的自己！"

图1

甜甜来的时候一岁两个月，别说还不会扶着东西站立，就是爬行都很困难。以一般人所认知的"七坐八爬"的观念看，甜甜都14个月了还只能勉强靠着墙坐一会儿，而且坐姿还是w-sitting（图1），似乎有些不正常。

经过各种检查与评估后，我发现她的认知、语言、精细动作、社交等发展都符合该年纪的发展程度，只是下半身的肌肉力量较差，因此从爬行就开始受到影响。

甜甜一直都不爱爬行，腿部的动作及协调能力也不好，光是让她坐在椅子或地板上，她都会哭闹拒绝，好不容易坐了起来却坐得既不稳也不持久，大概30秒就会倒，一直抓不到重心，甚至一定需要靠墙或有人在旁协助。而且孩子本身的个性对于挫折的忍受度较低，只要大人试图扶着她站立，她就会哀叫，不愿把腿伸直踏地承重，正因为如此，照顾者们便没有特别勉强孩子，环境刺激量日趋不足，到哪里都是抱着、背着。

最初来到诊间的甜甜令我印象深刻，因为她面无表情地趴在地垫上一动也我想知道除了等待，我还能做些什么？

　　到底孩子为什么会这样？

——甜甜妈妈的苦心

不动，不论拿什么有趣的玩具吸引她，她都宁愿大哭大叫，也不肯移动身体一下，即便那个玩具是她很想拿来玩的。

　　甜甜爸爸想继续等待孩子自己站起来，但妈妈还是执意瞒着公婆来到医院。"我想知道除了等待，我还能做些什么？到底孩子为什么会这样？"这是我们见面时妈妈说的第一句话，声音中还有些颤抖。我知道她是鼓了很大勇气才来的。

　　甜甜妈总是跟家里的人说是带孩子出来散步或买菜、逛街的，趁着空档赶紧飞奔来医院。头几次上课，甜甜大哭，妈妈也跟着哭，因为这里很少会有爸妈、孩子一起大哭的声音，一开始同事们还都跑来看看，以为治疗室里发生了什么事情。

　　其实我只是让她练习坐着，有时练习一点点爬行（因为她几乎不肯动），还有被动地站立。随着时间过去，除了上课，妈妈也很配合地按照进度回家帮助孩子练习。甜甜进步的速度越来越快，由于站立后的视野会更宽广，在腿部的力量增加后，甜甜探索环境的动力也更足了，从牵着走几步路就要赖在地上或趴或滚，到现在，她越来越喜欢在整个治疗室里跑，跳房子也不再是问题。虽然评估后她还有继续进步的空间，但整体已经跟上其他同龄孩子的标准，并且表现得可圈可点。渐渐地，家人看见孩子的进步，也都转而支持妈妈的行动。

　　肌肉张力偏低的孩子有可能动作发展较慢，但只要不是疾病引起的，终究都会跟上。就算甜甜没来做职能治疗评估，也不会因此无法走路。但首先还是需要确认原因，知道是肌肉低张造成的发展迟缓后，就能针对需要加强的部分训练。不过，既然并不会因此无法走路，我猜想或许有人会认为甜甜妈太过于小题大做了，完全可以再等等，孩子大一点就跟上了，没必要孩子这么小就紧张兮兮的。对于有这种想法的人，我就想问了，如果真的等了也没有好转该怎么办呢？

　　发展迟缓除了因先天遗传或疾病因素造成的外，还有一种是后天环境刺激不足所致的，有时候两者的表现很类似，需要进一步检查才能确认。一般人遇到这种情况，多半会再等等，认为是每个孩子的发育速度不同，还有人误以为只有生病了才会去医疗院所评估咨询，自己的孩子没病为什么要去？也有人就是担心身边亲朋好友的舆论压力……

　　我曾遇到过一个跟甜甜的状况很像的孩子，后来评估发现，孩子的妈妈怕晒太阳，所以很少出门，再加上孩子严重偏食，营养不足，所以身体缺乏钙和维生素D，这些导致孩子的骨头发育不良，到了一定年龄却无法好好站立及行走，被诊断为"营养性佝偻症"。这种情况必须提早补充营养并配以治疗，且需要仔细评估才行。

　　我知道要踏进医院对一些家长而言是件不简单的事情，所以才想通过本书让爸妈们更了解自己的孩子，而不是只是猜测或等待。不过我还是要说，来找医疗专业人士咨询并非给孩子定性，而是可以确认孩子的状况是个人发展速度、先天疾病还是环境刺激量（教养照顾）问题，因为所谓的"黄金期"一旦错过，后续再怎么加强训练，效果都很有限，所以才希望爸妈们既不要过于大意，也无须大惊小怪。对于"带孩子来医院做早期疗育评估及治疗"这件事情，是许多大人的心理障碍。所以这也成为了我想努力倡导的观念：孩子发烧、咳嗽、腹泻等，爸妈都会焦急地带孩子来医院检查、治疗及处理，同样的道理却未能落实在孩子的身心发展上。健康检查是健康的时候做的，早期疗育评估则是在发现有问题后帮助我们确认孩子状态的程序。

　　不少爸妈对于孩子的身心发展状况都会抱持"静待花开"的观念，但对我们专业人士来说，这种观望方式根本就是一场赌博。身为爸妈的您输得起吗？

姿势篇

为什么孩子站没站相，
走路会内八字？

男孩小豪是一名小学二年级的学生，他对足球非常感兴趣，但上了近两年的课表现却不甚理想，还常被教练说态度不好。而且他走路常跌倒，平衡感差，运动起来又不是很敏捷，这让孩子很灰心，进而变得容易自暴自弃。因此，他妈妈带他来评估，看是不是身体发展方面有什么问题。

我问小豪妈妈为什么教练会觉得这孩子态度不好，妈妈无奈地说："还不是因为他站没站相，听教练讲话时总是'三道弯'，眼睛还飘来飘去的，教练教他踢球也学不好，踢球踢不准，跑步还常被自己的脚绊倒。我们看他这样辛苦，劝他别学了，他却生气地说这是梦想，问他为什么不好好练习时，他就哭着说我们都不了解他……"

别看小豪年纪小，他的烦恼还真不少。妈妈说他还有一件心事，就是常被同学嘲笑动作"娘娘腔"，因为孩子站着或走路时都会内八字，有轻微的X型腿，小豪常对自己生气，又不得不承受同学的玩笑，因此身心真的很煎熬。

评估发现，小豪的核心肌群、下肢的肌肉张力都较低，而下肢肌肉又更差一

孩子，不好意思，

妈妈应该早点来咨询的，这段时间误会你了。

——小豪妈妈的内疚

些。虽然他平时努力练习踢足球对腿部肌肉有帮助，但如果没有针对张力较低的肌肉特别加强训练的话，运动的结果还是会不尽如人意。肌肉低张会造成体力较差，容易有分心的情况，长此以往一定会姿势不良，带给他人的感觉就是态度不好。

虽然小学二年级才来咨询，但及时加强训练还是有机会的。当我在跟妈妈解说时，小豪点头如捣蒜地附和着，妈妈也因为找到了儿子痛苦的原因而激动落泪："孩子，不好意思，妈妈应该早点来咨询的，这段时间误会你了。"

我拍拍小豪的头对他说："接下来的日子，你要好好配合黄老师哦！"经过半年左右的课程，小豪不仅足球方面进步了，还开始学习跆拳道，体态也越来越挺拔，像变了一个人似的。

核心肌群和腿部肌肉张力较低，会导致姿势不良，站姿容易变成"三七步"、驼背、内八字与X型腿，有的孩子走路常会膝盖相撞甚至跌倒。由于下肢力量较弱，孩子在腿部反应、跑步速度方面都会受到影响。

肌肉低张的表现与后天缺乏运动锻炼的样子几乎一样，如果没有经过仔细评估的话，家长很容易会被错误引导，而无法做出正确的判断。且肌肉低张的人本来就容易疲累，也因为肌肉力量弱而容易不想运动，这就会变成一种恶性循环，但这是他们本身无法控制的，好像控制身体的意志力完全与他们无关。大人们很容易因为不了解孩子的这种状况而加以苛责，使孩子觉得有苦难言，情绪会容易倾向负面。其实也有家长在孩子小时候就发现他们体能较差、协调能力不太好、没什么运动细胞等问题，就及早送他们去学各种运动，训练他们，若孩子的状况与所选择的运动方式刚好合适，就能达到期待的结果，但若不合适的话，可能无法尽如人意，毕竟你们从前面内容的分析就会知道，如果是感觉统合相关问题就会有很多种组合与可能，肌肉低张也只是其中的一种而已。

我曾经遇到过家长因为孩子体能较差，听了朋友的建议带孩子去爬山、游泳、跑步及跳绳，从幼儿园大班一直到小学三年级都亲力亲为地陪着，但孩子几乎没什么进步，还常常喊累，后来来评估才发现是肌肉低张的问题。我针对孩子的状况，为他量身定制合适的锻炼方式，他也努力地贯彻执行，不到一年就进步了很多！

姿势篇

为什么孩子时常脚酸、脚痛，
甚至都讨厌走路了?

　　小彤（小学三年级的女孩）因为常抱怨脚酸、脚痛，跑步容易跌倒，被妈妈带来治疗室。妈妈说："从小她就不喜欢走路，没走几步路就叫，一直喊着要坐车或是要抱抱，坐推车坐到快三岁，为了让她戒掉推车，我们只好把车子送人，结果变得更没办法带她去远一点的地方了。孩子动不动就抱怨脚很酸，虽然每次我们都很伤脑筋，但还是会顺着她，不然她就哭个不停，我也尝试处罚她，结果她哭得更大声了，不了解的还以为我虐待儿童呢！上小学后也没改善多少，她经常走不到两百米就喊累，开学才上几次体育课就扭到脚踝，之后就怎么也不肯上体育课了，说要休息或去保健室。我们也不知道这个伤到底是真的还是假的，是不是在逃避锻炼。学校老师试过各种方法后还是没办法让她上体育课，所以建议我们来医院评估。"

　　小彤一进到治疗室就找椅子坐下来了。我听完妈妈的描述后，就请小彤站起来做一些评估动作，她连看都不看我，一副不耐烦的样子，态度很不情愿。在一旁的妈妈看不下去了，顾不得我在旁边，就直接开骂："小彤，你再这样给我试试看，回去你就知道了！"

　　检查及评估后发现，小彤属于柔软性扁平足，承重、踩地时足弓就塌陷，而且下肢整体的肌肉张力也较低，站着没多久就变成"三七步"或双脚交叉，站立时膝盖都往后顶（图2），肚子也常常挺出来。

图2

以前我还以为小彤是心理问题，

太过娇生惯养，有"公主病"了才会这样……

——小彤妈妈恍然大悟

　　妈妈看着小彤对我说："黄老师，您有办法让小彤多运动吗？她不爱动还一直吃，越来越胖怎么办？她很喜欢韩国的女子团体，想变得跟她们一样漂亮，但这样子还有希望吗？"我转头看小彤，她始终一脸不开心的样子。

　　这样的女孩，脚酸都成家常便饭了，当然不喜欢运动了，加上爸妈从小只要孩子不肯走路就以为是孩子撒娇，出于心疼或拗不过便把她抱起来，锻炼足部肌肉与韧带的机会自然也就减少了。此外，脚踝附近的肌肉较弱，容易因运动或走路造成姿势不正确而扭伤，所以她就越来越害怕运动了，这一切本来都是从身体状况而来，却渐渐影响了个性。

　　我跟妈妈解释完孩子的状况后，说："孩子的运动要循序渐进，不要一下子太多，好好按照我的建议来练习的话，情况就会好转。但前提是要很努力，因为你们来得有点晚了哦！小彤呀，你要是好好运动的话，就有机会变成你喜欢的健康又漂亮的样子！"小彤听了之后眼睛随之一亮。

　　"以前我还以为小彤是心理问题，太过娇生惯养，有'公主病'了才会这样，原来是肌肉低张的表现呀！还有救就好了，谢谢老师！"妈妈恍然大悟。

　　后来妈妈很认真地执行运动计划，小彤也出乎意料地配合，所以体力与肌力都在短时间内进步很多，小彤也因此瘦了几公斤，她开心得不得了，最后一次上课时她还告诉我："黄老师，现在我很喜欢运动哦！"

肌肉张力偏低的孩子，因为容易累的关系，常使用哀兵政策或撒娇而让大人心软，也有的是照顾者比较担心孩子受伤或有意外，所以减少让孩子在外面走路或玩耍的机会。后面这种情况，爸妈会时常抱着孩子，降低了孩子接触地面及大动作活动的机会，选择让他们从事静态的活动，如玩车子、搭积木、玩玩偶、读绘本、涂鸦等。

我曾遇过一个案例是孩子在外很少落地，甚至三岁前都不曾在大自然中走过路，这样的孩子在感觉统合方面的环境刺激相对较少，动作发展也就比较慢，肌肉力量较差，走路、跑步都不稳。若持续这种生活的话，因肌肉力量所致的问题在未来都会慢慢浮现出来。小彤的足弓塌陷的状况算是常见的案例了，下肢肌力较差若影响到足弓，则会塌陷，平衡感会不太好，需要用到脚的运动都可能表现不佳，如有大量跑动或跳跃动作的运动，反应与协调能力会比较差。

一般来说，有这样状况的女孩或许一路长大也会很顺利，顶多就是体育表现比较差，给人的印象就是不爱运动或文静娇弱。同样的状况若发生在男孩身上结果就差很多了，毕竟男生的社交有很多时候是通过运动实现的。若男生因为肌肉低张造成运动表现不佳，在成长的过程中可能会遭受到同学异样的眼光，甚至人际关系与自信心也会受到影响。

所以真心希望照顾者们能具备相关知识，通过一些小细节多多观察孩子，及早发现孩子需要加强的地方，能有效抓住孩子黄金期这个发育关键阶段，并且能减少亲子关系方面甚至孩子身心方面许多不必要的压力与痛苦。

如果孩子有以下表现，可能有下肢肌肉低张的问题

身体姿势

❶ 站着时膝盖过度伸直。

❷ X型腿，走路时膝盖会彼此碰到。

❸ 内八字，习惯站得歪斜、脚交叉。

❹ 坐着时喜欢跷脚、跪着，w-sitting 时居然会觉得舒服。

生活表现

❶ 易膝盖痛、膝窝痛。

❷ 容易脚酸、脚底痛，走路走不久就觉得累。

❸ 腿容易没有力气，影响运动表现：跑步易跌倒、跳不高、瞬间反应不够好、平衡感差。

❹ 足部的状况：足弓的弧度不够明显或整个塌陷，很难买到觉得舒服的鞋子；易有足底筋膜炎或脚踝扭伤的情形。

❺ 大动作发展较慢。

爸妈请注意

该如何加强下肢肌力的锻炼？

【原则】

其实下肢肌力比起其他肌肉更容易加强，因为走路及移动时都会用到腿部肌肉，所以只要生活中少坐、多站、多走、多跑就能锻炼到。此外，各种运动都可以加强下肢肌力的锻炼，如直排轮、脚踏车、蛙式游泳、慢跑、球类运

动等，但建议先以加强局部肌肉为主，尽量不要在肌肉有力量前一直做重复运动，就像球员会为了表现得更好而做重量训练一样，我们在练习的时候先打好基础的话，后期运动会更加得心应手。如果肌力不足，在运动时可能会因为姿势不正确，造成身体受伤，例如，为了加强下肢肌力一直跑步却没特别练腿部肌肉，因姿势不对容易扭伤或膝盖痛。

加强腿部肌力

❶ 本体觉篇的跳跳类型。

❷ 桥式：手可以碰到脚踝的距离，膝盖跟肩膀要呈一直线，至少1分钟，亦可锻炼到核心肌群。

❸ 蹲马步、深蹲，进阶的话可以深蹲跳起、单脚深蹲。

❹ 多上下楼梯或走有坡度、高低起伏的地面，如路边斜坡，少搭乘电梯。

❺ w-sitting的孩子改以盘腿坐姿，可改善髋关节。

加强足踝肌力

❶ "金鸡独立"（单脚）站，进阶可以单脚跳，原地活动熟练之后可改为向前活动。

❷ 腿部拉筋：小腿、大腿等。

❸ 用脚趾做剪刀、石头、布，进阶可做脚趾的波浪舞。

❹ 双腿打开与髋同宽，脚趾全部张开向上站10~15秒，进阶可以单脚站方式进行。

❺ 双腿悬空，把脚下压，用脚写数字0~9或英文字母等。

姿势篇

案例分享九

　　一对夫妻带着5岁的男孩小禹来治疗室，访谈时妈妈不等我问基本资料，也不顾孩子在场，便情绪激动地对我说："黄老师，为了全心照顾这个孩子，我特别辞了工作，结果他的情况还是不见好，我真不知道还能做些什么了！到底还要我怎样？为什么这孩子就这么让人费神啊？我跟我先生被他弄得觉都睡不好，现在都开始吃安神药了，真的很累啊！"

　　我询问之下才知道，原来小禹情绪十分不稳定，按他爸妈的说法是"很难伺候"，翻脸比翻书还快，阴晴不定，上一秒他还在笑，可爱到能把人融化，下一秒就可能不知道为什么大闹脾气，一哭可以哭整晚，很难安抚。

　　我接着询问小禹的基本资料、出生史、过往病史、发育史等，都感觉不到有什么异常，小禹在我跟他爸妈交谈时，也都乖乖地"躺"在地垫上。

　　我问："小禹在幼儿园的表现如何？学校老师跟您反映过些什么吗？"

　　妈妈很不解地说："学校老师都说他表现很好，乖巧、有礼貌，又会分享，跟同学相处融洽，人缘也不错。虽然有时有点小状况、闹点小别扭，但比起其他学生来，他算是很好带的孩子了。我听到时也是吓了一跳，想说这真的是我的孩子吗？老师绝对想不到小禹在家是个呼风唤雨的小霸王，他在外面竟然还能得到称赞……"

　　"那他的体育表现如何？活动力怎么样？"我尝试找一点线索，便接着问道。听完爸妈的描述后，我确定自己应该问对方向了。

　　"他活动力比班上其他男同学差一点，不是很喜欢跟大家一起玩，尤其是一我听到老师夸奖小禹时吓了一跳，想说这真的是我的孩子吗？他在家里可是个呼风唤雨的小霸王，在外面竟然还能得到称赞……

——小禹妈妈的疑惑

些竞争的游戏、运动，他更是不擅长，玩球时常常接不到球，跑步时也常跌倒，基本上我带他出去玩，他都很扫兴，根本无法跟他玩丢接球，因为他只要接不到或投不准，就会立刻变脸说不玩了，或者说他本来就不想玩，都是我们一直逼他之类的话。我们起初只是觉得他在撒娇，因为他从小就是没走几步路就要抱，很爱靠在我们身上，是那种把全身力量放在你身上的靠着！不然就是有墙靠墙，一上公交车、地铁就找位子坐，到了五岁还这样。挫折忍受度很低，似乎有点过分了。很想知道是不是我们做父母的哪里没有做好。"爸爸无奈又自责地说着。

我看看小禹，他从进到治疗室后就"躺"在地垫上滚来滚去，对室内的玩具、器材都不特别感兴趣，顶多就是爬起来走过去看看，然后又回到地垫上"躺"着。正常孩子见到五花八门的器材都想尝试着玩玩，他表现得却不太一样。

于是，我布置了一个简单的闯关小游戏，小禹果然平衡感不佳，丢沙包丢不进也接不到。正如小禹爸爸描述的那样，起初他的情绪还算平静，不过当走第七趟的时候，小禹一个重心不稳，脚从平衡木上滑了下来，轻轻地跌倒后就开始大哭大叫着要回家，说治疗室很差劲，他根本不想玩。这是第一次评估，就能见到这么完整变化的案例了。

评估结束后，我发现小禹有感统的问题，而且全身肌肉低张，知道原因后，小禹的表现对我们来说就不意外了。

找到原因后，我好好跟小禹爸妈解释了一番，他们觉得所有的情境串连起来终于有了答案，一再表示愿意配合好好对症处理！

基本上全身性肌肉低张问题，会出现案例中描述的身心状况出问题的可能，但因为各部位的状况不太一样，所以我在此做一些简单的归纳，让大家可以更清楚地了解全身肌肉普遍低张会有的表现。

如果孩子有以下表现，可能有下肢肌肉低张的问题

身体状况

❶ 表情较少、经常沉默寡言，不注意时嘴巴会打开或流口水，说话咬字不清或觉得讲话累。

❷ 姿势不良（坐没坐相、站没站相）：常弯腰驼背，喜欢趴着、跷脚、歪着身子站；站着、坐着都会把肚子挺出去。

❸ 脚呈内八字、足弓塌陷或足弓的弧度不明显。

❹ 常常觉得筋疲力尽、疲惫。

❺ 反应慢，球类运动、协调性的运动或舞蹈都不是很擅长。

❻ 导致后果：容易脊椎侧弯、椎间盘突出、全身酸痛或肩颈腰背痛、身体某处肌肉太紧（姿势错误造成）、脚酸、手酸、胸闷、常受伤（腰闪到、脚踝扭到、膝盖痛）等。

心理层面

❶ 太容易累，常常会心有余而力不足。

❷ 有抱负，但都无法好好实现。

❸ 内心会没自信，常有负面想法。

❹ 想躺着、想发呆、不自觉恍神、睡不饱、可以睡很久。

他人观感	❶ 爱撒娇、黏人、爱抱抱、不喜欢自己走路。
	❷ 懒惰、不喜欢动、爱没骨头似的趴着。
	❸ 害羞、太文静、太斯文、很爱睡觉、常恍神放空发呆
	❹ 态度看起来很差：别人讲话时好像没在听、站得歪歪斜斜的。
	❺ 有时候看起来很有活力地跑跑跳跳，但做某些事情时又很容易累，或者一开始很有活力，但一下子就没电了，不太能专心把一件事情做好。
	❻ 懒得进行人际互动、没耐心、容易生气、眼高手低、好高骛远、意志力差等。

　　全身低张的孩子给人的印象通常是懒散、动作慢、没活力、不爱运动等，还有一点很明显的就是体力差。我常说低张的人很像是坏掉的电池，明明已经充满了电，但怎么一下子就又没电了？稍纵即逝的体力造成孩子耐心不够、情绪不稳，在充满电的时候斗志高昂，但一下子就累了或发现力不从心，大人、孩子都是这样，因为有低张情况的人要把很多"电力"用来维持别人都觉得不费力的事情，像是坐好、站直、挺胸、把嘴巴好好闭着、维持平衡等，所以读书或工作时为了要节省能量消耗，就会采用最省力又舒服的姿势——不好看又伤身体的姿势。

　　因此，低张的人只要把宝贵的体力投资在一两件事情后，其他事情就没有力气做了，若投资在读书或工作上，那他再去做运动就会很难，他也觉得很痛苦；若投资在运动上，他就没有力气读书或工作了；若投资在其他兴趣上，有可能就无法维持正常的日常生活了，总之无法面面俱到。

　　我临床观察过各个年龄层的肌肉低张个案，从幼儿园的孩子到为人父母的大人，所以，很清楚各种类型的低张孩子长大后会有什么表现。

普遍来说，全身性低张的孩子长大后都还会延续上述那些特点，常遇到的案例有：很多学生小考不错、大考失常，因为读书的续航力不佳；部分学生甚至无法完成学业，只想赖在家里休息，甚至还出现了一些精神方面的疾患，如狂躁症、忧郁症等。很难想象吧？有些忧郁症个案的原因居然是因为肌肉低张的关系，但这样的例子真的是屡见不鲜啊！

而且低张人就业之后就会觉得上班异常辛苦，因为一直以来没有运动的习惯，下班后更不想去运动，脾气会变得更差，只想睡觉或放空，容易腰酸背痛、身体很紧或僵硬。若结婚有了孩子的话，也不太会带孩子做运动，喜欢静态或省力的活动。全身低张的大人也因为体力不好，常选择自由职业或是不用早起的工作，宁可上晚班也不想早起，或是选择自己当老板、在家兼职这种可以自己调整时间的工作。

为什么我会知道呢？因为我在复健科就会遇到很多有脊椎酸痛问题的患者，不少人评估后被发现是肌肉低张所致。我给予他们建议后，有的人实践后真的改变了，有的人还是无法跨出第一步，持续在恶性循环中。

让肌肉低张的人自己主动去运动真的很难，需要有强大的支持与陪伴。所以希望爸妈们一定要了解这点并积极来帮助自己的孩子，最好是陪他们一起做运动，决不只是在旁边监督！

黄老师有话说

我中学时候曾有一个绰号——"恍神王子"

大家是不是很奇怪，为什么我会有这样的绰号呢？因为我本身就有全身肌肉低张的状况，这真的是本书中我最不想承认的部分啊！但为了让更多人了解低张人的痛苦、挣扎与改变的心情，并让更多爸妈可以了解肌肉低张孩子的心路历程，我愿意把这件事写出来告诉你们。

因为我经历过感觉统合失调、肌肉低张的问题，所以我更了解这样的孩子在成长中会遇到怎样的问题，希望在我和爸妈们分享了这一切后，孩子们能被更合宜地教导、对待，能减少亲子间因为彼此无法理解而造成的伤口。

在我大学学习"肌肉低张"这个概念之前，夸张一点说，我常常感觉自己快要没有活路了！虽然讲得好像真的很糟，但其实也没有完全影响生活。我虽然是全身肌肉低张，但不是非常严重的那种，很多运动经过苦练还是能上场的，让我不解的是为什么我需要花更多的时间练习才能克服，而其他人却好像一下子就会了，甚至可以享受其中？当时我只是为了融入团体，尤其是男生成长历程中，需要以球会友，我不想显得很突兀，才练习打球的，但挫折感总是大于成就感。别人看我身高一米八几，都认为我肯定很会打篮球，但根本不是这样，我一打球就破功，因此也没有以球会到什么朋友，大家都不太想跟球技差的人打球。

球类运动就算了，反正世界上还有很多自己可以做的运动，只要能身体健康就好，但又因为肌肉低张，进行什么运动都很辛苦，连重量训练都是事倍功半，进步很慢而且常常练完有快要虚脱的感觉。本来预计运动后体能会渐渐进步，逐渐变得精神百倍，结果每次都疲惫到无法做原先该做的事情，以至于我后来最常做的运动就是跑步或骑自行车。

因为太容易累，需要睡眠的时间就多，我中学时还被说过不像年轻人，我不是找机会休息就是在想办法提神。为了把体力留给读书，我只好牺牲运动时间（不良示范，小朋友不要学），放学回家常不吃东西就先睡到晚上十点再起来读书。家人虽然都无法理解为什么我会这样，但还是很支持、鼓励我，真的很感谢。此外，我说话或做表情时都觉得很累，所以常不笑，看起来就像在生气，专心做事时嘴巴就会打开或流口水。弯腰驼背、趴着读书、跷脚都是我常做的，搭地铁没位子时，我一定会找门边的透明玻璃靠着，所以我常全身酸痛。最大的痛点就是我的腿，因为内八字又X型腿，走路时常被说娘娘腔，所以我一直觉得很痛苦却又无法辩驳。我根本想不明白这样事情为什么要发生在我身上（我母亲的腿也是如此，是一种遗传）。

而成长的过程中，我渐渐发现自己常常心有余而力不足，读书就是这样，明明多念几次就能考得更好，但即使有时间我就是没有力气再念了，想达成的目标离我越来越远。我常思考我真的意志力这么薄弱吗？我羡慕别人可以活力四射地运动、专心地读书，那时的我常走在大学校园的球场边想着："好羡慕呀！我是不是这辈子都没办法像他们那样度过人生了呢？"因为对身体状况没有自信、想法消极，这样的状况时好时坏，总是有几句话从身旁的人口中说出："有那么难吗？多练习多运动就好啦！""熟能生巧，比别人更努力就好了呀！""你会不会太庸人自扰了？""身在福中不知福啊！""这样的事情就把你击垮了吗？""那你还能做什么事？"但我真的很想回："你们根本不懂！不要评论我，不要说这种不切实际又没建设性的话！"其实他们说的都没错，只是我很难做到。

有肌肉低张状况的人就会知道我为什么要这样了，就像低张的孩子们发现我了解他们的时候，眼神开始变得闪亮，因为对别人来说轻而易举的事，对我们来说就好像比登天还难，别人还无法理解肌肉低张人的身体处境。当我读到教科书上介绍的肌肉低张时，还想不到自己会是个案，因为书里都是比较严重的案例，当我去实习的时候，开始在临床接触案例，跟老师们讨论后我才发觉自己好像也有肌肉低张的状况，但就仅止于此，没有重视也没有想深入探讨了解。真正意识到是工作后逐渐遇到很多非脑伤、疾病造成的肌肉低张孩子，比对各种临床评估项目后，我惊觉自己根本就是肌肉低张人，多年的谜底终于揭晓，我终于可以想办法改变了！于是我就更加观察、研究低张的状况，所以才敢在此跟爸妈们分享。改善肌肉低张的过程真的很辛苦，我至今都还在奋斗中，由于不明原因的天生肌肉张力低，锻炼如同逆水行舟，不进则狂退，肌肉很难练成就算了，消失的速度却比高铁还快，所以必须很努力地维持。

不论是谁，持续锻炼肌肉绝对都是必需的，但这更是肌肉低张人一生的功课，一定至少要培养一个能坚持到底又有兴趣的运动习惯来维持健康与体力。在大学里还没有意识到自己是肌肉低张时，我以为自己是意志力薄弱、懒惰、好逸恶劳，所以为了要跟自己的体力对抗，去参加了学校里的武术社，苦练了两年，中间的辛苦就不说了，每次练完都觉得快要昏过去，越运动越累，体能进步的幅度很小，根本没有从运动中得到喜悦并达成目标，后来我才了解到原来是"方法不适合我"。很庆幸，工作后我好好地安排、计划改善自己的肌肉低张问题，身体状况和人生的掌控感都越来越好。

我很感谢我的爸妈一路以来尊重我的时间安排，让我尝试各种运动，甚至找专人教导我，从来没有否定过我，反而鼓励我多运动、多锻炼。我因为感统不佳、肌肉低张的各种表现，在外面常被嘲笑，但我的家真的是我的避风港，可以包容我，所以虽然我还是有些负面想法，可不至于太过严重。

因此，我真的希望通过这本书的分享，让爸妈在了解孩子的身心状况后，让家可以成为孩子充电、避风的港湾，让他们即便在外头遇到伤心的事，回家休息后仍可以再出发！

爸妈请注意

该如何改善全身肌肉低张的状况？

根据临床经验，由于全身的肌肉都需要加强，所以这样的个案比起局部肌肉低张的孩子更没意志力、容易累、不想动，因此让他们"愿意动"是首要目标。

【能量分配的原则】

不重要的事情不要花费力气，找时间休息、储备能量供给该做的事情。

【步骤】

❶ 从最简单、最轻松的活动开始，除了日常生活习惯慢慢改变（多伸展、多走路、少坐着）之外，就是想办法让他们去外面散步，千万别强迫他们运动或是直接报名参加体能课程、去健身房等，会造成逆反心理。

❷ 渐渐有了一点体力之后，再开始简单的居家徒手运动，核心肌群与腿部肌肉优先加强，如仰卧起坐、"小飞机"、深蹲等，做就好，不要求姿势跟时间长短，受不了就不要做，绝对不勉强！

❸ 体力更好点之后，才开始调整姿势，每次增加几秒的时间即可。若想要乘胜追击一下子进阶太多，会产生挫折感，一切就得要重来了。

以我多年的经验来说，爸妈们一定要按照以上步骤进行！很多家长没有重视这个原则，认为运动哪有什么差别，直接让孩子做有氧运动（一般大众认知的运动型态：跑步、游泳、骑自行车、跳绳）或是无氧的球类运动，有的还每天严格训练，最后孩子肌力不但没进步多少，反而更讨厌运动了。

全身低张的人很容易因为这些有氧运动而把体力耗尽，这也是为什么有人运动完反而更累，而且没有锻炼到意志力，只是勉强自己燃烧能量。所以要从无氧运动锻炼肌力开始，以上的三个步骤需要一段时间累积，年纪越小所需时间越短，这就是黄金期的好处，年纪越大就越长，靠这三个步骤把底子打好之后就可开始尝试简单的有氧运动了，一样要见好就收，可以增强心肺功能、血液循环就好，然后持续配合训练肌力，并把强度提高。

一段因人而异（根据年龄、体质、意志力、执行程度）的时间过去后，会发现孩子或自己渐渐姿势标准、身体的疼痛消失、身体的掌控度越来越好、自信心提升、喜欢挑战新事物、抗压性变好、开始正面思考问题了，不夸张，真的会像变了一个人一样，这都是我的成功个案的宝贵经验！

爸妈请放心

肌肉低张的孩子，只要慢慢引导并给予耐心的锻炼，还是能够改变的！

根据临床观察，不论何种原因造成的肌肉张力低下，全身肌肉都低张的比例比较大，只是可能有些人局部肌肉张力更低，目前还没有发现单纯只有某部位肌肉张力较低的个案。肌肉低张跟后天缺乏运动锻炼所表现出来的样子实在太相似了，其中有一个简单的判别方法就是：相同强度的训练，该部位肌肉张力较低的人，要跟其他人达到一样的锻炼效果（力量、外观等），可能需要好几倍的努力，甚至也有可能始终无法达到。举例来说，曾有一个上半身低张的排球校队队员和我说，他无论怎么锻炼上半身，肌肉线条都很难出现，力量也不足，而下半身腿部的肌肉线条与力量没有刻意练就比其他队员好很多，所以他的跳跃力非常好，跑步很快，但打球、杀球、接球的技巧就一直不如预期的，而且还会驼背、手臂不够粗壮。相反地，另一个男学生参加系篮球队，很努力地锻炼腿部肌肉，上半身普通练就很精壮，下半身却很纤细，后来才发现是下半身肌肉张力低。

肌肉低张的情形大致是这样的：学生时代会比较辛苦一点，因为既要调整生活模式又要读书。长大后，依据每个人的轻重程度与部位的差别，症状轻的不会影响生活，就是比常人容易疲惫些，严重一点的就会影响身心状况（如情绪、睡眠等），若去就医，医生通常会建议："缺乏运动，多运动就会好很多。"但真开始运动却发现难上加难，总觉得阻挡自己执行运动的理由很多，难以达成。所以希望有肌肉低张的大人们在看了本书后能够了解自己的身体状况，下定决心来调整，如果是孩子有肌肉低张状况的爸妈们，请好好地引导孩子慢慢进步，他们的身心都会改变的！

感觉区辨篇

感觉区辨是辨识视觉、听觉、味觉、嗅觉、触觉、前庭觉、本体觉等各种感觉的能力，区辨环境中感觉刺激的各种变化、刺激持续的时间、刺激的来源等。若能正确区辨各种感觉，身体就能更好地做出反应，并有良好的身体运用能力。

感觉区辨，可分为个别感觉的区辨及不同感觉组合在一起后的区辨。举例来说，若听觉区辨能力不佳，对声音来源的距离、音调、说话者的情绪分辨与理解能力就不会好，或是当环境中有各种声音加上视觉、触觉、味觉等刺激同时存在时，区辨能力不佳的孩子就会无法分辨何者优先，最常出现的状况就是孩子在教室中被其他刺激吸引走注意力，没有专心听老师讲话。

区辨能力不佳却没有好好调整的话，就会伴有运用能力不佳的状况。下面就以触觉区辨和前庭—本体觉区辨能力为例来分享几个临床案例。

感觉区辨篇

为什么孩子喜欢到处摸来摸去，
玩玩具又太用力？

案例分享一

　　九月是开学的季节，经过漫长的暑假，孩子们终于要开学了。对于暑假期间每天为安排孩子活动而精疲力竭的爸妈们来说，开学无疑让他们能稍微喘口气了。

　　不过，有些孩子听到"开学"却过度紧张，尤其是那些要升入一年级的新生。不少爸妈认为孩子在幼儿园适应得不错，到了小学应该不会差太多，就连我也是这么想的。然而神奇的是，每到九十月份，我就会接到一些学校老师或是家长的咨询。刚上小学一年级的男孩恩恩就是这样的个案。

　　他一进治疗室，就像好奇宝宝似的到处跑来跑去，任何器材都想触碰。妈妈提醒恩恩碰东西前要征询我的意见，然后向我陈述了恩恩班主任的话："我觉得您这孩子需要评估，他可能有多动或是自闭倾向。因为全班同学都乖乖听话、守秩序，唯独他会起来走动，甚至自顾自地唱歌不理会我。"

　　身为爸妈，你们听到这段话之后的感觉是什么呢？身为职能治疗师的我听到后是百感交集，脑中立刻涌现出了各种问题：老师做了什么处理？孩子在什么情况下会那样？班主任花了多长时间观察及了解孩子？恩恩是故意的还是忍不住？只有对特定老师才这样还是孩子总是这样？老师跟爸妈确认过孩子在幼儿园就读的情况吗？……但我其实最想问的是："为什么才开学一周就觉得孩子有状况？除非是出现了什么典型的状况才会有这种疑问吧？"这位妈妈也是这样想，但老师就是觉得恩恩有可能是多动或自闭症却又无法确定，所以请妈妈带他到医院来评估。

　　我都还没开始评估，光是一开始的临床观察就发现恩恩真的很忙，他喜欢到处摸来摸去，我因为在跟妈妈说话，所以很多东西都来不及提醒他，他的手就先伸过去拿起来玩了，有的甚至还会直接放到嘴里，妈妈看了也很尴尬，不停地克恩恩老师说，恩恩可能有多动或是自闭倾向。

因为全班都乖乖听话、守秩序，唯独他会起来走动，

甚至自顾自地唱歌不理会老师。

——恩恩妈妈的担心

制自己压低声音提醒恩恩。以恩恩小学一年级的年纪来看，他玩玩具的技巧不算特别好，组合积木的时候也很用力，收拾的时候都用丢的，还差点把积木弄坏，我必须要一直提醒他爱护公物。

妈妈说："其实，恩恩现在还不太会写字，写字很慢，大小不一，拿笔也拿不好，我想小学开始后再带着他练习。"

我点点头，妈妈继续说："他读幼儿园的时候也发生过一些事情，像是舞蹈动作学不会，常被安排到后排，演音乐舞蹈剧的时候甚至只能演树木，他还大哭了好几天不想去上学。还有一次就是老师说恩恩会打同学，且多次劝导都没用，我去园里后得知原来是他想要跟别人玩，但出手太重了，因为他和哥哥在家都是这样玩的。"

听完妈妈的描述，我初步评估认为，恩恩应该是感觉统合中的触觉区辨能力较弱，导致行为、动作上出现一些状况。因为当时治疗时间排不过来，所以我请他们三周后再来上课，结果发现恩恩此后的状况越来越好，一开始班主任介意的行为也几乎没有再出现过，甚至班主任还说孩子十分聪明！

因为孩子的感觉调节与触觉区辨能力没有那么好，导致在刚开学时还没办法很快适应新的环境而出现种种老师认为脱序的行为，虽然恩恩仍有触觉区辨的问题，但习惯小学的步调与环境后，也就慢慢没有出现与众不同的状况了。接下来的日子，除了治疗外，我也不断传授妈妈能在家帮助孩子的方法，虽然彻底执行后的效果不如七岁前的个案好，但各方面都有进步，尤其是写字的能力！

还记得当时恩恩妈妈问过我："您说的我都认同，这种情况真的是需要来趟医院才会知道，毕竟，我确实疏忽了恩恩在幼儿园时的一些状况，我以为都还算是可容忍就没太在意。但这到底跟多动或自闭症有什么关联呀？"

其实，感觉统合会影响到警醒程度，也就是专注力，像恩恩这样的孩子，可能会因为无法好好处理触觉及其他感觉刺激而分心，或是为了想办法适应环境刺激而动来动去，这样的情况，的确有可能会被误会成过动。触觉区辨能力不好，也会影响到人际关系互动，甚至有可能被误会成对情境理解有问题的自闭症特质。所以也不能完全说老师没处理好，至少她尽到了告知、提醒的责任。

触觉区辨能力是运用能力的基础，有时也会影响到精细动作的发展及工具使用、物体操作的能力，简单来说就是灵活度，灵活度不高的孩子可能也会伴随有前庭觉及本体觉区辨能力不佳。

若对触觉刺激的区辨不佳，导致解读误解，对接收的人来说可能会是威胁、骚扰甚至是侵害，又因为无法正确分辨他人借由触觉传递的意图与情感，他们也可能只按照自己的认知来传达情感，造成他人的不舒服或被认为是"不解风情"，进而演变成人际关系互动的问题。

如果孩子有以下表现，可能有触觉区辨能力不佳的问题

饮食　拿餐具常会掉落、拿筷子的姿势很奇怪。

穿着　穿衣服、扣扣子、拉拉链、绑鞋带等动作又慢又不流畅，扣子越小越扣不上。

自理能力

❶ 光是用看的方式，没办法了解新物品，可能会想用手或用口来认识物品。而且容易弄坏物品，常需要他人及时制止。

❷ 小动作很多，喜欢到处摸来摸去，手脚都很忙，但却不知道他们在忙什么。

❸ 口腔与舌头的动作可能会不太协调，影响进食与口语表达。

❹ 受伤或感到疼痛时无法正确指出位置。

❺ 不喜欢穿袜子、鞋子，常想要光脚。

社交

不太清楚是自己撞到人还是被人撞到，常造成误会。

游戏

❶ 动作方面：用到大肌肉的动作会不协调，舞蹈等跟不上节奏与动作，不是快了就是慢了。

❷ 球类运动不佳：丢接技巧差，好像会慢半拍的样子，常接不到球或是明明接到了又会马上掉了；丢接球可能会太用力或太小力。

❸ 玩组合类型玩具如积木、拼图的技巧都不太好，可能会逃避或选择简单、自己会的玩。

学校表现

❶ 文具及工具的使用能力不佳。

❷ 写字太轻、太重或是速度太慢。

❸ 学习使用新物品的速度很慢，即使看了示范也很难学会。

爸妈请注意

如何促进触觉区辨能力的提升？

若是感觉区辨能力不佳，可能会在感觉敏感与迟钝之间转换，调节不好的结果就是明明接受同样的刺激，却一下子会很明显，一下子不痛不痒，同时也会影响到警醒程度。因为不断变化导致自己也抓不到感觉，所以需要花很多时间调整环境与各种变因，来维持适当的警醒程度，这不仅造成他人的困扰，自己也会很痛苦。

举个例子来说，孩子坐在书桌前时，他会不断调整座位和姿势，看这个摸那个，倒水喝水，穿脱衣物，动作很多。好不容易可以开始学习了，没念几页书就想打瞌睡了，然后一个晚上就过去了……结果自然是爸妈责备，孩子也觉得痛苦，不知道自己到底要怎么做才能专心下来。

【原则】

在增进触觉区辨能力的同时，爸妈不妨可以透过前庭觉及本体觉的刺激帮助孩子把警醒程度调到适当的状态，并在孩子专注力能达到15～20分钟又不会太亢奋的情形下做参考的小游戏。

爸妈一起来　促进触觉区辨能力的参考小游戏

球池寻宝

游戏❶　可把不同材质或大小的玩具、物品丢入球池，请孩子找出指定的物品（注意：不可用眼睛看）。

大海捞针

游戏❷

器皿可从纸盘、托盘，到深一点的盒子、箱子，慢慢到将手脚放入的深度（注意：不可用眼睛看）。在器皿内倒入不同的东西，先选基底（沙子、米、豆子、玻璃球、彩色小石头、干的螺旋意大利面等），可以单纯或混合，之后再放入不同的小东西，让孩子可以找出来，如小水晶、纸牌、小玩具车、积木等。

惊喜袋

游戏❸

手伸进束口袋拿东西的游戏：

放入不同大小材质的玩具与物品，请孩子拿出指定的东西；

放入形状或特征明确的物品，请孩子猜是什么形状或东西。

肢体接触的游戏

游戏❹

（注意：要用不同的力气玩）

可玩习惯或常玩的游戏，要有轻重快慢的变化；

用双手击掌来游戏，如听歌曲打拍子。

在手心、手背或背后写字、画形状，进行猜猜乐。

其他类型游戏

游戏❺

进球池"游泳"，感受球给身体的刺激，可用跳水的方式进入，根据孩子的状况也可调整孩子进球池所穿着的衣物；

将硬币投入储蓄罐：抓一把硬币握在掌心里，把掌心的硬币用食指与大拇指拿出来投入储蓄罐，不可用另一手帮忙。

感觉区辨篇

为什么孩子时常跌倒，
讨厌尝试新事物？

"我只希望我的孩子能够跟正常人一样。" 在评估过程中，小泓妈妈有些激动地说道。我示意她继续往下讲。

"抱歉，其实我刚才突然觉得，为什么我的孩子必须走这一步，非得要来医院？为什么我的孩子不能跟别人一样正常？"

听到这里我疑惑了，我问："您觉得孩子哪里不正常了？"

妈妈也是一副说不上来的样子，又反问我："我就是不知道才带孩子来医院的呀！我觉得他很正常呀！从刚进入小学到现在三年级，学校老师都要我带小泓来医院检查，他们说他和班上其他同学不太一样，只有他需要老师特别关注。如果检查出来小泓真的需要额外辅导的话，老师们可以帮忙申请相关资源……实在是很莫名其妙，我听完简直快要气死了！没凭没据又说不清楚，只会叫我们去看医生。所以呀，我之前都不理会他们，因为我认为孩子根本没问题，但真的是受不了老师们一直联络我，我不堪其扰才下决心来医院看看孩子到底是哪里'不正常'了！要是检查结果没问题的话，我才能堵住老师们的嘴啊！"

为什么老师们都没发现我的孩子是正常人，

一直要我来评估？我直接回学校说孩子没事情吗？

——小泓妈妈的在意

于是我从出生史、发育史开始询问小泓妈妈，发现她认为"很正常"的部分有一些其实是"征兆"，比如，小泓上小学前跟着电视里的大哥哥、大姐姐跳舞、做体操，他从来都跟不上；读幼儿园时老师也反映过孩子玩团体游戏不太能跟上；自己常跌倒就算了，还常害同学跌倒而不自觉；孩子至今仍常打翻饭碗、打破杯子；而且很讨厌接触新的事物，倒不是害怕，而是每次都要学很久，所以不想轻易尝试。

妈妈表示孩子还小，动作不纯熟、做事不小心很正常，学东西慢、不会唱跳应该是天生的特质，为什么要那么在意？有必要学的再学习就好了。

我继续问了小泓上小学后的做作业情况，发现他写字像刻字一样用力，常把纸写破，翻页时常不小心撕掉，所以书本都是破破烂烂的，文具坏掉的频率很高，连削铅笔机都不太会用，常常削断笔芯。

之后我在治疗室发现小泓大动作及精细动作的力道控制都不太好，丢球不是丢过头就是丢不到目标处，接球时眼睛飘来飘去不知道看哪里，手脚的动作像是不会预备的样子，我忍不住问了小泓："你是不是不常玩球呢？好像不是太熟练啊。"小泓很理所当然地说："对啊，我不是很喜欢打球，因为我很怕被打到啊。而且，每次同学丢零食给我，我都接不到，常掉到地上，他们就会笑我。"

更加详细地评估后，我发现小泓有感觉统合不佳的状况，尤其是前庭—本体觉的区辨比较弱，因而影响到警醒程度，所以他专注的时间较短，需要动一动或稍微休息几分钟才可再专注，但基本上孩子的生理、认知发展都没有什么特别的状况，而且他的学习成绩也很不错。

小泓的妈妈一直都觉得小泓这些状况没什么，加上学业表现又不错，所以她根本无法理解学校老师的想法，一度以为是老师在找碴儿。我把评估结果告诉妈妈之后，妈妈立刻松了一口气，但旋即又皱起了眉头，问我："请问黄老师，那我现在该怎么办？为什么老师们都没发现我的孩子是正常人，一直要我来评估？我直接回学校说孩子没事情吗？"

讲到这，我发现小泓妈妈在描述事情的时候不是很完全，可能还有很多她没有讲或不想讲的事情，而且她对我所说的话也没有百分之百的理解，因为我根本没有用正常与否来对小泓下结论！

因此，对于访谈中妈妈交代学校老师说的这部分，我会继续深入确认，但目前只能先以临床观察及评估结果做解释。不过，小泓妈妈在我们对话之中提到"正常"这两个字的频率实在太高了，让人感觉她十分在意孩子是否"正常"。我同时也很好奇，她所谓的"正常"到底是什么？

于是我问："请问您觉得什么才是'正常'呢？"

妈妈愣了一下，一时间答不出话来，接着支支吾吾地说："其实就是跟其他人一样，不要总是让老师和我联络就好……"

之后几次上课，妈妈才一点一点告诉我，其实小泓常会在课上大声讲话，而且同学常去跟老师告状，说小泓跟他们开玩笑、打闹时都很用力，体育跟美术课则需要老师一直带着教，不然他就不做，让老师很难继续上课。老师也试过很多方法都没用，才会请妈妈寻求专业人士的建议……这些都是小泓妈妈觉得没什么必要告诉我的事情。

小泓是偏向前庭—本体觉区辨能力都比较不好的例子，然而这种情形临床也比较常见，所以常会用包含这两种感觉的游戏来帮孩子们加强能力。加强的方法可参考前庭觉篇与本体觉篇的小游戏，并增加一点强度。这是因为能够通过较强的刺激让孩子更确实地接收到刺激的信息，进而进行分辨并加深印象、清楚解读。若能确定孩子的弱项是单纯的前庭觉还是本体觉区辨（或比较偏向某一种），则可选择单纯的刺激做强化。

以下分别有前庭觉与本体觉区辨能力不佳的参考表现，可让爸妈简易判别。

如果孩子有以下表现，可能有前庭觉区辨能力不佳的问题

饮食	穿裤子容易失去平衡；穿、脱衣物很不专心（因为要保持平衡），尤其是光线不足的时候。

自理能力	眼睛闭着时平衡感很差、站不稳，所以不太敢闭眼睛；怕走高低不平的路，不喜欢爬山。

游戏	❶ 在玩需要快速改变方向的游戏或运动时会跟不上；折返跑很慢，老鹰抓小鸡等游戏可能常跌倒，玩木头人游戏时，常不知道要往哪边跑。
	❷ 跟不上跳舞或体操的速度与方向。

学
校
表
现

❶ 排队前进时，常会跟不上同学的速度，容易掉队或排不整齐。

❷ 容易搞不清楚空间中的方位，方向感差。

如果孩子有以下表现，可能有本体觉区辨能力不佳的问题

饮
食

拿餐具的时候，常会掉落；拿筷子的姿势很奇怪。

穿
着

穿衣服、扣扣子、拉拉链、绑鞋带等动作又慢又不流畅，尤其是光线不足时，容易扣子没对齐，衣服正反、前后穿错，如果不看的话很难用身体感觉到。

自
理
能
力

❶ 身体姿势不正确时没有什么感觉。

❷ 口腔与舌头的动作可能会不太协调，影响进食与口语表达。因为嘴型控制能力不好，还可能会常咬到舌头或嘴唇，说话音量的大小控制也不太好，悄悄话很容易讲得声音太大。

❸ 力道控制不好，使用生活用品很粗鲁，容易弄坏或打破，关门很大力或关上不。

社交

❶ 不太清楚是自己撞到人还是被人撞到，很常引起他人误会。

❷ 常常用力过当而不自觉，虽然觉得自己在轻碰别人，却让人觉得像是被打。

游戏

❶ 大肌肉的动作不协调，舞蹈、体操等跟不上节奏与动作，搞不清楚方向，肢体使用很不顺畅。

❷ 球类运动不佳，丢接技巧差，好像慢半拍的样子，常接不到球或是明明接到了又会马上掉落。

❸ 玩组合玩具如积木、拼图的技巧都不太好，可能会选简单的或自己会的玩。

❹ 很难精准预测物品与自己的位置及要使用的力量，如玩抽下面的积木往上堆的游戏，很容易将其弄倒。

❺ 不擅长玩手脚并用的游戏，因为不能计划手脚怎么放，如攀岩、爬梯子、匍匐前进等。

学校表现

❶ 文具及工具使用能力不佳，容易把笔芯弄断、蜡笔折断、作业本撕破、书翻破，大家都很怕把东西借给他。

❷ 对于需要精准缓慢的动作会觉得很辛苦，不擅长粘贴组合小东西如模型、纸花等；不擅长雕刻、剪纸、折纸（越小张的纸越不容易）、穿线等手工。

❸ 学习使用新物品的速度很慢，看了示范也很难学会，如打球方式、绘画技巧、学写新的生字等。

爸妈请注意

如何促进孩子的前庭—本体觉区辨能力的提升？

感觉区辨不佳的孩子警醒程度可能会不太稳定，因为一直需要调整，我们通常会通过触觉、本体觉、前庭觉的刺激来增加或降低警醒程度，借此可让孩子专注在要学习区辨的感觉上。

增加警醒程度的方式大家都会，就是用于提神醒脑的方法都可行，推荐使用强烈一点的前庭觉，简单来说就是运动方式，跑、跳之类的都是不错的选择。

降低警醒程度的话，推荐使用本体觉，因为其具有安定的作用，还可以减轻触觉过度反应和重力不安，并让神经系统维持在理想的警醒状态中。

其实我们常不自觉地在使用本体觉让自己安定下来，像是紧张、害怕时会想要抓旁边的人或是物品；听到指甲刮黑板的声音时会咬牙、身体缩起来或耸肩等。

调整好警醒程度之后再来做下面的游戏，可针对孩子做不好的部分多练习，记得一定要保证愉快的进行，一旦情绪有抵触的时候就停止！下次再来没关系，因为良好的经验有助于记忆学习到的东西，会有正向的效果。

爸妈一起来 促进前庭觉区辨能力的参考小游戏

类似前庭篇及本体觉篇所提到的参考小游戏，但需要强度大一点，下面分别列出调整的部分及提醒：

滑滑梯

游戏①

提供直线加速度，有助于孩子的肌肉张力、眼球控制、头颈部肌肉控制。

❶ 加快速度：选择坡度更陡的、高度更高的，穿比较平滑的衣物或尝试螺旋的滑滑梯、倒着滑下去等。

❷ 进阶：滑草或滑水道等。

棉被游戏

游戏②

"包寿司"：用棉被把孩子颈部以下裹住，请孩子从"寿司"中更快速地滚出来；

也可以不用包，让孩子直接在地板上来回滚动几圈。

健身球

游戏③

推荐使用大球，因为能有很多变化。

依照孩子的状况，可选择趴着或坐在球上，上下动或左右摇晃，振幅可以大一点；趴在球上之后身体往前向下，双手撑地，前后移动；躺在球上之后身体往头的方向下去，双手撑地，前后移动；趴或躺在球上，脚抬起来，大人抓住孩子的双脚，前后移动。

滑滑板

游戏④

因为强度较大，安全第一，需要爸妈陪同。

可从趴着的姿势开始，做前后、左右、旋转等各种方向的滑动（换方向速度可加快一点儿），孩子可用手推地板滑行，头要抬起来，借此加强颈部与背部肌肉的锻炼；滑的时候可以通过选择不同的路线来避开障碍物。

荡秋千

游戏⑤

这是很好的前庭刺激游戏，但安全第一，从孩子可接受的幅度、高度、时间开始，若前后的刺激已经适应，再加上左右晃动或是不规则的摇晃，之后可以再尝试旋转，最后更可试着前后荡时加上其他方向的刺激，或是速度忽快忽慢，急停、突然晃动或改变方向等玩法。

跳跳类型

游戏⑥

跳跳床（弹簧床）：上下跳，跳高、跳快一点，膝盖要弯曲，亦可边跳跃边旋转；跳房子（或跳格子），亦可跳远：距离远一点，速度加快或格子可设计成Z字形（图1）；开合跳、单脚跳的速度加快。

图1 Z字形跳房子范例

START

其他相关运动

学习体操或简单的舞蹈,练习肢体会有各种变化的运动。

直排轮、自行车、跑步可用以下路线:经过用障碍物做成的S型路线;绕8字;可以有各式变化的触线跑法(图2)。

图2 触线跑法范例

A　①→①→①→①→重复

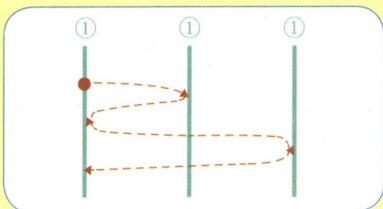

B　①→①→①→①→重复

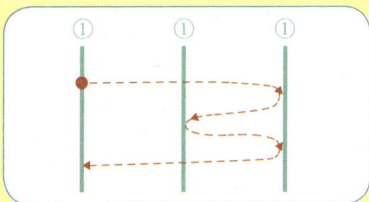

C　①→①→①→①→重复

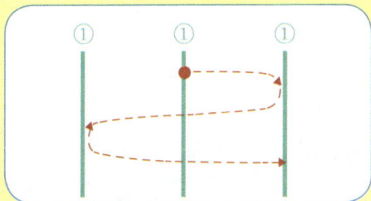

D　①→①→①→①→①→重复

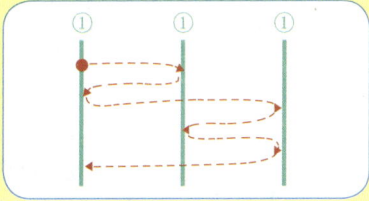

爸妈一起来 促进本体觉区辨能力的参考小游戏

手部运动

游戏①

有助于锻炼孩子的肌肉张力、眼球控制、头颈部肌肉控制。

❶ 揉、捏、搓更大块的黏土、面团。

❷ 玩橡皮筋花绳、组合型的玩具（积木、花片、棍棒组等）。

❸ 拉弹力带（重量加重）：脚踩住中间，双手往上拉或直接拉开（胸前、背后）。

❹ 画画或写字时可使用小黑板和粉笔、需要用力时才会有颜色的蜡笔，另外可把黑板或纸放在垂直的墙面上，让孩子抬起手来画，不可放得过低。

❺ 手指游戏：快速地用手指比画出数字。

跳跳类型

游戏②

❶ 跳跳床（弹簧床）、气垫床、有弹性的软垫：上下跳，跳高、跳快一点，膝盖要弯曲。可边跳跃边旋转、边跳边拍手或跟大人击掌；可以边跳边丢接球或沙包。

❷ 跳房子（或跳格子），亦可跳远：蹲低一点起跳，跳远、跳快一点。

❸ 开合跳、单脚跳（原地或前后）、跳跳箱、原地蹲低后跳高、跳绳、登阶运动、跳上跳下（可调整高度），可使用速度忽快忽慢的方式做进一步加强。

球类运动

游戏❸

球类运动怎么练习都不嫌多，因为可以给予孩子丰富的刺激。抛（肩膀下）、丢、掷、投（过肩膀）、拍、接、踢、打的动作都可提供很多本体觉刺激。

建议搭配使用球具的球类，如台球、棒垒球、羽毛球、网球等，速度可以快一点。

空间足够的话建议用健身球来做练习，因为健身球体积与重量较大，可提供的刺激也大。

徒手游戏

游戏❹

❶ 可参考本体觉篇的游戏篇。

❷ 趴姿，脚放在椅子上，背打直，双手伸直撑地，可撑着拼一份拼图或唱一首歌。

❸ 脚尖对脚跟走直线；麻花步交叉走路前进。

❹ 趴姿，双手在地上伸直撑好，双脚往后踢。

团体游戏

游戏❺

❶ 参考本体觉篇的游戏。

❷ 两人游戏：比力气，站在一个圈里用手互相推，脚不能出圆圈，或两人互拉，看谁先把另一个人拉出圈圈（图3）；大人用身体的各种姿势做成山洞，让孩子爬或

图3

钻过去（图4）；孩子踩在大人的
脚上，面对面一起走。

图4

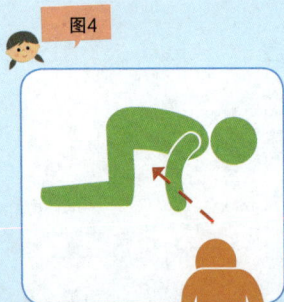

其他相关运动

游戏❸

❶ 伏地挺身、棒式（图1）、桥式（图2）、仰卧起坐、"小飞
机"（图3）、蹲马步到起立、青蛙跳、交互蹲跳、跳绳、攀
岩、拉单杠。

❷ 学习体操、舞蹈等一些需要肢体顺序性的活动，这是很重要的
锻炼，可以多练习。

❸ 帮忙做家务，打扫、搬动物品、收拾玩具、擦桌子等。

❹ 练习把身体摔在垫子或床上，可搭配两人互推的游戏。

❺ 甩比较重的绳子或水管，向前甩成波浪形。

图1

图2

图3
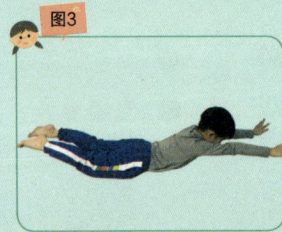

游戏中须注意的小提醒

原则上跟前面的小提醒一样，只有几点想特别强调：

★ 游戏要有变化及可重复练习。

虽然建议的活动有些看起来并非游戏，但那是在没有时间的情况下加强练习使用的，一般会建议把这些活动当成游戏的一个元素来使用。举例来说，要给予前庭—本体觉刺激可以简单设计一个闯关的小游戏：跳跳床出发，边跳边拍手10下，之后"大熊走路"①到某个点拿一块拼图，带着拼图青蛙跳回到跳跳床旁拼装，拼完后做5个仰卧起坐再去跳跳床。

像这种游戏建议玩一次是孩子进行8～10趟，若选择24片的拼图，一趟就拿3片，依此来设计。临床经验是至少重复做10次才能从中取得经验。游戏时间也不要太长，若孩子做10趟需要花费30分钟以上，这有可能表示游戏难度太高，超过孩子的能力太多，也可在这时发现孩子需要加强的部分，再借此调整难易度。

★ 游戏过程要有趣，不要当成是训练。

希望爸妈能把游戏当成游戏，而不是训练，既然是游戏，就要好玩才有意义嘛！有些爸妈白天上班真的很辛苦，他们纷纷向我表示，上班已经累得不行了，还要陪孩子玩？或是都已经快被孩子气炸了，还要保持微笑？这时候我都会说："忍一时之气，免数年之忧呀！"如果不趁着孩子还小的时候加强，以后陆陆续续会衍生出各种要我们担心的问题的……未来的您会感谢现在咬着牙陪玩的自己，您的孩子之后也会感谢您的！如果您根本没有时间亲自设计游戏，那么就请按我规划的游戏进行吧。陪孩子时的态度要轻松愉悦一点，只要忍耐20分钟就好了，但切记千万不要成为"驯兽师"！

---

① 孩子四肢着地，背部拱起，用手脚一起撑地走路，手肘与膝盖不碰到地面，头抬起来，眼睛看前方。

黄老师有话说

你以为孩子发展迟缓或多动，但可能这只是感觉区辨不佳在作祟，影响他的生活及学习！

大家是不是觉得感觉调节不佳跟感觉区辨能力不佳的状况有点难分辨呢？我简单整理一下：

感觉区辨不佳容易影响日常生活，最容易出现的问题就是：生活中的衣食住行技巧不佳，动作慢、要大人不断提醒，学习中的问题是写作业、工具使用等会有困难。

孩子在进入小学之前，有些事情爸妈会帮忙完成或是耐心等孩子完成，但上了小学后，作息比较紧凑加上作业多，孩子原本欠缺的部分就会更加凸显出来，有可能爸妈帮更多反而更累，孩子更没锻炼到，还有可能造成亲子关系紧张。

我建议爸妈们在孩子进小学前就开始预备小学生活所需能力，例如，在一定的时间内盥洗、整理（刷牙、洗脸、穿衣、穿鞋袜等）；自己整理书包、书房、书桌；自己预备第二天要用的东西与衣服并且学习预测、检查与确认；要具备基本的阅读与书写技巧、工具使用能力；要有听指令后去执行的能力；足够的专注力（至少要能保持一节课的时间）……以上这些能力并不是

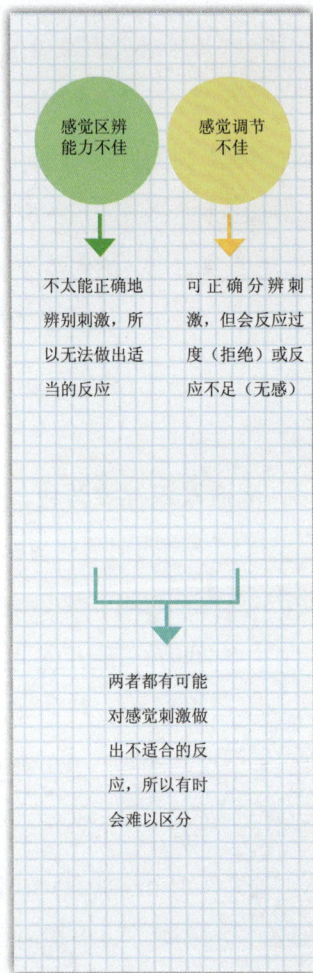

感觉区辨能力不佳
→ 不太能正确地辨别刺激，所以无法做出适当的反应

感觉调节不佳
→ 可正确分辨刺激，但会反应过度（拒绝）或反应不足（无感）

两者都有可能对感觉刺激做出不适合的反应，所以有时会难以区分

等到上了小学后才要开始培养的！

　　有很多情况都是孩子的练习根本就不够，或没机会练习而出现的，这种例子评估后才发现根本就与发展迟缓、注意力不佳、多动、感觉统合或缺乏运动无关。以感觉统合来看，中枢神经系统的可塑性到9岁之后会开始递减，一般我们认为9岁之前才有可塑性。不过越来越多的研究发现感觉统合相关的处理、技巧及建议活动对于年纪较大的孩子在适应环境、生活各方面都很有帮助，尤其是当他们发现自己的需求及问题时，动机会更加强烈，想要变得更好的心反而让他们在加强感觉统合练习时更努力，但也有些人因养成了习惯，年纪越大反而越不容易改。

　　所以，为什么我还要强调"把握黄金期，提早去做"这一点呢？因为这是我在临床遇到那些懊悔的爸妈们请我一定要在书中呼吁的——以过来人的经验，他们认为还是早点了解状况较佳。我建议爸妈们不论如何都要"提早去做"，提早仔细地观察孩子、提早让孩子练习并多做一点，这样才能提早被发现并介入处理哦！

动作协调篇

从最前面的感觉统合图表中（请参照P.4）可以看到，姿势与感觉区辨能力会影响动作协调的状况，但其实这只是运用能力障碍的一种类型。本篇分享的是与感觉统合有关的动作协调状况。

一般来说，当爸妈带孩子来评估时，若孩子有动作协调方面的状况，我们就必须分清是否与感觉统合相关，有的话则继续往下确认是姿势控制还是感觉区辨能力的影响，然后确认各自所占的比例是多少，之后才能给予相关的建议。

这里简单分享一下感觉统合三大感觉在运用能力中的作用。

触觉

❶ 触觉区辨能力可以让手部的动作更灵巧。

❷ 发展使用工具的能力。

前庭觉

感知头部位置与速度的变化、姿势的控制等，和本体觉一起发挥作用。

本
体
觉

使身体概念可确实地建立、感受：各种动作产生的肌肉关节感觉、肢体在空间中的位置、身旁各种物体与身体的位置关系，更精准地做出合适的动作。

★ 本篇会提到动作协调中的"两侧协调与顺序性"和"身体运用能力"。

两侧协调及顺序性

两侧协调，代表身体左右两边可以很好地分工合作完成想做的事情，以程度来分：

❶ 两手做同样的事情，如搬东西、接球等。

❷ 两手做同一件事情，但左右手各负责一边，如演奏乐器（钢琴、小提琴、笛子等）。

❸ 两手做同一件事情，但分工不同（通常是一手稳住一手做事），如翻书、剪纸、缝衣服、端碗吃饭、写字等。

顺序性的活动，就是一件事情在脑中想好如何开始，接下来怎么安排顺序，每个人做事的先后顺序本来就会有所不同，重点是能否顺畅无碍。以写作业为例，孩子回家后开始写作业的动作时，一般顺序是：

❶ 打开书包，拿出记录看今天的作业有哪些。

❷ 决定好先要写什么，把其他需要做的准备好放在桌上，然后一一完成。

❸ 完成第一项作业后，再看记录簿决定下一项做什么。但若这方面能力不佳的孩子，当您让他去写作业的时候，他就可能会在书桌前不知所措、东摸摸西找找，或是拖拉很久。

身体运用能力

当我们遇到新的事情时，是否可以好好地计划怎么控制身体动作，这需要仰赖预测及从回馈中学习的能力。

身体运用能力不佳的孩子，面对体育课、舞蹈课、大动作游戏时，就会看起来动作慢半拍或笨拙，因为即使已经被告知规则，他们还是很难预测下一步，甚至玩玩具时除了手部操作的动作不流畅外，也很难看着示范学习。

以下分享的两个临床案例会比前面复杂一点，若从书的前面开始读到这里的人应该会发现问题越来越难了吧？ 因为很多表现都很相似但原因却不尽相同，这样的推理过程就是我在医院里强调的"人的问题本来就不简单，真的无法一言以蔽之呀！"所以这篇的教养案例及临床推理内容会比前面都要长哦！

动作协调篇

为什么孩子像没看见前方的人或物似的，
总是直接冲撞过去？

"黄老师好，我是因为想确认孩子是不是多动所以来评估的。因为我们实在是束手无策了！"才刚打完招呼，琪琪的妈妈就立刻说明来意。

6岁的琪琪进来治疗室时，眼神闪烁，看得出来她对这个环境充满好奇，但她却只是在里面走走看看，没有询问我，更没有申请玩东西。

在访谈中妈妈表示很不解，为什么琪琪自从会走路开始，就平衡感很差，而且常常好像看不到前方的人或物？如果想要拿某个东西，她会看着那个东西就冲过去了，完全不管前方是否有人或障碍物。琪琪绝对都是直线冲过去的，结果当然就会跌倒。爸妈怎么教她看路、小心，都教不会。

琪琪不论在什么环境中都很难一直待在同一个位置，要不停地动来动去，吃饭都要大人追着，跟她说："要好好坐着吃，不然就收起来！"但这么做也没用，因为她饿了便不停大哭或是恳求大人给饭。一家人去外面吃更是不得安宁，她会跑到其他桌钻来钻去。小时候甚至在儿童车推着走的时候半路就跳车，简直把大人吓坏了。

从小到大，带她坐车只要超过半小时，

我就要等着被旁人白眼了，五岁前是我怎么哄、

怎么安抚都无法让她静下来。

——琪琪妈妈的苦恼

妈妈说："从小到大，带她坐车只要超过半小时，我就要等着被旁人白眼了，五岁前是我怎么哄、怎么安抚都无法让她静下来，要是我不让她起来跑或走，她就开始大声地叫，搞得我只好去学开车，但开车的开销又很大，我真的很困扰呀！而且这么爱跑来跑去的孩子，居然没走几步路又要人抱，玩玩具也是玩一会儿就要换别的。"

琪琪刚进来时，我看她衣服穿得很不整齐，不禁产生了疑问，但考虑到应该不可能是家里没照顾好，便询问了一下她的生活起居。奶奶表示帮琪琪穿衣服也总是像打仗一般，6岁的孩子还总是穿不好衣服、鞋子，而且帮她穿好后，还是会马上变得衣衫不整。

因为即将要进入小学了，所以我评估了一下琪琪入学前是否具备了该有的动作技巧及认知状况，发现孩子认知虽然在发展年龄上，但挫折忍受度很低，不知变通，我请她在游戏中完成20片的拼图，她却坚持一定要从某个方向开始，一定要拼哪一块，若她想拼的那块没有在触手可及的范围，她就说不想

玩了，也没有尝试找，更不愿去想办法；孩子大动作和精细动作的质量都很粗糙：往前跳时跳不到指定位置上；丢沙包没问题，但几乎接不到；右手拿蜡笔着色时，左手不会压着；用剪刀剪纸时，只会向前剪，另一手不会拿着纸转向剪，两手一起做事的时候动作不协调。

妈妈看到琪琪的表现后，对我说："因为家里没有其他兄弟姐妹，她只能一个人玩，不然就是家里的大人陪她玩，很多玩具都被她弄坏了，而且她都是只玩那几样，自己也很怡然自得，再不然就是看电视。她在幼儿园没什么朋友，老师说她不喜欢团体游戏。我觉得她就是习惯自己玩了，比起人际关系，我在意的是到底有没有多动症？"

"还有一件事，即使她现在也没有改善太多，那就是不论在幼儿园还是带她去公园、亲子馆，不论空间大小，琪琪都经常撞到小朋友或是撞到墙壁，跟她讲的时候都没有听到的感觉，不知道是不是视力出了问题。请老师帮我确认一下。"陪同前来的奶奶补充道。

因为妈妈和奶奶的陈述已经很完整了，经过评估发现，造成琪琪如此表现的主要原因是感觉统合的问题，本体觉、前庭觉、触觉都不平衡，肌肉张力稍低，种种因素影响到动作协调能力。

后来我们持续了七个月的治疗课程直到她上小学，过程中还得克服一波又一波的家庭状况，除了要帮助琪琪改善动作协调的问题，最困难的是调整家中的教养观念，虽然还有很多可以改善的空间，但至少孩子比过去已经进步很多了！

我们必须先能控制好自己的动作，才有办法与外界环境互动，但有感觉统合状况的孩子对于计划性的动作会觉得困难，他们没办法计划及开始有效的动作来反应环境的改变或还没发生的事情。

若前庭觉和本体觉区辨不良的话，在计划及产生预测动作顺序时就会产生困难，所以其实琪琪从小为了适应环境变化，身体必须辛苦地不断调整，而且她难以预测新的环境将会有什么事情发生，对于不知道怎么办的事会很紧张，所以那些看似脱序的状况都是因为这个原因，与多动无关。

大部分的孩子到了六岁都可以具备掌控游戏技巧的空间需求，如控制肢体动作及姿势、自己在空间中的位置、使用肢体时的力量等，大概到了十岁左右就学会大部分的姿势与动作策略，能够找到有效且舒适的方法，但这些对于动作协调不佳的孩子来说就会有点吃力。

琪琪在小时候就有这样的情况，随着年龄增长到六岁，有太多的事情需要确认，所以她一来评估，我就要想办法根据现状回推她到底发生了什么事情，结果发现孩子的认知发展并没有比较慢，只是因为感觉统合的问题使得身体的协调及控制比较弱。此外，家人觉得带孩子出门常发生不愉快，为了避免麻烦而较少出门，也很少做大动作的活动，多半没事就在家里玩或看电视，所以教养问题导致环境刺激少也是造成琪琪现况的一大主因。

预期的动作顺序需要前馈控制更甚于事后回馈，两者彼此相关，但在动作上的感觉控制所呈现的范围有所不同。经过评估后发现，琪琪在动作协调中"两侧协调与顺序性"的问题较大，而这方面主要是"前馈控制"有困难，简单来说就是预测能力不好，所以新的事物、新的环境、不断变化的地方会使她感到不知所措，导致她不想参加团体游戏，只想独自做自己习惯的事情和玩没有太多变化的固定玩具。

这样的孩子静态活动表现都不错，动态的活动就表现不好了，因为有时间与空间的变因，要估算时间、速度还有力量的控制，所以她光是站着丢接沙包就表现不佳，遇到其他球类运动要边跑边传球、接球，对她更是难上加难。

黄老师有话说

克服家庭固有教养观念也是治疗过程中的重要一环。

琪琪的案例提到治疗过程中努力克服家庭教养观念的话题，这是因为琪琪的爸爸长期在国外工作，加上琪琪妈的工作也很忙碌，所以她是跟爷爷、奶奶及未结婚的姑姑、叔叔一起住的，每个人对怎么教导孩子都有自己的见解，只有奶奶跟妈妈比较一致。若孩子在家里发生一些状况的话，大家的处理方式都不一样，常因此起争执，像爷爷会一直拿零食给孩子吃，让她不停地看电视；叔叔则尽力满足她的任何要求；孩子一旦淘气，姑姑就会很生气地指责；也有人认为该好好教导，于是就会出声阻拦……

因为妈妈下班很晚，总是需要拜托家人照顾琪琪，知道有这些状况后，虽然说出了自己的想法，但收效甚微，最终还是不好意思勉强大家。这样就造成孩子在认知里抓不到标准，导致进步缓慢且效果大打折扣，我们花了很多时间想办法解决，但家家有本难念的经，我们这样的身份也只能在允许的范围内尽最大努力帮助孩子，同时再次体会到家庭功能的重要，爸妈真的辛苦了！

不过，相较于过去长辈不太能接受孩子来医院评估的状况，现在越来越多的爷爷、奶奶或外公、外婆一同来咨询的，一部分是因为儿童发展教养的相关知识日渐普及，长辈们会使用网络找数据；一部分是因为孩子或多或少都有长辈帮忙照顾的时候，长辈们有时实在是束手无策，甚至会因为自己的儿女忽视孩子的状况，所以瞒着儿女带孩子来咨询。

每次看到有长辈一起来咨询的时候，我都会很开心并且大大地称赞他们。曾有一位奶奶告诉我说："我们是真的想知道怎么教导孩子，网络文章、书籍这么多，也不是每个方法或建议都适合孩子的，我们自己看了真的是一头雾水、无所适从，毕竟要因材施教嘛！考虑过后觉得直接请教专家可能比较快吧！"

　　我听得实在是感动不已。倒不是觉得大家都一定要来请教职能治疗师，而是希望照顾者能保持警觉，只要为了孩子好，不管什么都要学习与尝试。

动作协调篇

为什么孩子动作不太协调，
面对新事物又懒得思考？

有次治疗室来了一个小学三年级的男孩阿佑，妈妈说孩子动作总是不太协调，体育成绩差到影响了人际关系，她在学校跟其他爸妈讨论后听到有人说可能跟感觉统合有关，建议她来医院评估。

为了确认孩子的动作问题，我设计了大动作游戏，顺便加入一组12块的6面立体拼图请阿佑拼，结果他愣在原地，看起来不知所措的样子。于是我便问了："怎么啦？有什么地方不懂的吗？是太难了还是太简单了？"

"因为老师没有说，所以我不知道要从哪里开始拼。"孩子这么回答。

我回头看了一下妈妈，她的表情有点尴尬且欲言又止，然后我发现母子二人在对望着，妈妈想要下指令，阿佑则是在等待指令。我们三人在治疗室中大概沉默了十多秒钟，妈妈终于忍不住对儿子说："你觉得该怎么拼就怎么拼呀！"

阿佑拿起一块拼图后，又停止了所有动作，过了十几秒后我又重复了刚才的问句，没想到孩子竟回答我："你们都没有讲话，所以我不知道该听大人的话比较快……

——阿佑妈妈的误导

怎么做。"

　　阿佑在班上成绩名列前茅，智能发展与表现都不差。我起初只是想在游戏活动中加入拼图增添一点变化，想不到不仅提早找到了问题的方向，还意外观察到了母子的互动情况，进而发现妈妈在教养孩子中需要调整的部分。

　　评估后，我发现阿佑的动作协调状况偏向前庭觉与本体觉的区辨能力不太好，有全身肌肉低张的情况，从而影响到他的协调、预测、反应与通过回馈学习的能力。此外，我从游戏中看到阿佑的挫折忍受度很低，像是这组拼图他自己只拼了五六块之后就放弃了，直接推倒不拼，嚷嚷着说自己不会，可是以他的认知程度来看应该并非真的不会（这组拼图给六七岁的孩子拼都可以很快完成）。

　　爸妈认为孩子只有动作协调的问题，对我提到的挫折忍受度，妈妈虽然觉得有点困扰，但也没有太放在心上，以我们专业人士的立场来看，这却是非常关键的。经过访谈与观察后得知，在阿佑还很小的时候，爸妈就担心他犯错或受伤，所以生活中的每件事情都会事先预告、提醒、警告，要他这个不要做、那个不要碰、现在做这个、等一下做那个，限制了孩子探索环境的自由度。渐渐地演变成各种事情都是大人一个口令，孩子一个动作，阿佑到最后也放弃了探索的意志，预测及规划的能力逐渐弱化，消极地等待每个指令，因为他自己要做什么事的话总是会被限制、被要求、被"建议"的，若没有按照"建议"去做，大人就会一直在旁边强烈地要他听话改正、接受建议，理由是："这些全是为了你好""这样是保护你""听大人的话比较快"……

在变成现在这种情况之前，遇到新的事物或挑战时阿佑只是想几秒到几分钟，大人就会开口指导，妈妈表示："我就是看他一副不知道该怎么办的样子才告诉他的。"殊不知，动作不协调也是这么来的。

阿佑原先还算是个会勇于尝试的孩子，却因此逐渐变得缩手缩脚，因为被保护得很好，所以接收到的环境刺激相对也比较少，导致动作经验不足、练习的时间也不够，大部分的事情都是由大人指导完成的，也都表现得不错。因此只要自己做的一点点小事没达到完美无瑕，孩子便想逃避，挫折忍受度极低。

阿佑面对新的事物时，由于大脑与身体可以参考的经验及对策很少，让原本协调不好的状况更加严重，导致他现在没有指令就不会做事，以免爸妈又要加以指责，反正日常要做的事情都有人说步骤、下指令，他只要好好地把书念好就行了。

在之后几个月的治疗课中，我花了不少力气阻止妈妈开口指导，就算要指导也只能做最轻微的提示，把大部分时间留给孩子去思考、经历，一开始我们真的花了很多时间让他在活动中学习经验、等待他自己计划与执行，渐渐地阿佑就变得愿意主动提出想要挑战的事情，也没那么怕失败了。

每当有爸妈问我问题，我通常不会立刻回答，因为我不太想只是给出一个公式解法，这些案例都绝对需要经过仔细的观察与评估才能给予建议，就像阿佑的例子，妈妈本来问的是："我的孩子小学三年级了，体育成绩表现不太好，动作协调不佳，请问应该要怎么加强？要做些什么运动来改善呢？"若妈妈没有选择带孩子来找我评估，只按照自己所想的状况上网查数据或买书来看，给予孩子的帮助就未必能精确，甚至有可能大相径庭。

阿佑主要是动作协调当中身体运用的能力较弱，最主要的特征就是会很怕面对新的环境、任务、挑战等，不仅预测的能力不好（猜测事情或动作可能会如何进行），从经验中得到反思的回馈能力也不够，所以既无法好好预测，也无法好好借由此次动作的经验回馈来调整下次的动作。

就像我跟阿佑玩丢接球，即使我丢的方向都一样，他也很难预测球过去的路径，所以会漏接，不会从经验中去想下次自己的手和身体要怎么动才可以接到；我就站在他前面两米左右的直线距离处，孩子丢了二十多次球仍无法顺利丢到我手上，我要像守门员一样跑来跑去接球才行，这都是因为他很难预测自己会丢到哪里，看到自己丢偏了也不会调整下一次出手的方式。

像阿佑这样的孩子并非光靠反复地练习丢接球就会进步，当然我们的反复提醒也没有什么意义。虽然一定的练习会让孩子有某种程度的进步，但绝对不是针对弱项加强练习后的效果可以相比的。光是简单的丢接球就有这么多状况了，可想而知，阿佑在学校的体育课会有多辛苦。

希望爸妈在成长的过程中多给孩子一点探索的空间、失败的机会，才会知道孩子哪方面可能需要帮忙，若后天不让他们自己尝试，造成生活中刺激过少的话，大脑与身体的经验值过少，之后遇到新事物能够举一反三的能力就会不足，适应环境的速度就会下降。

孩子表现出的问题具有多样性，其背后的原因也必定包罗万象，要好好分析才能对症下药。比起无微不至的照顾与面面俱到的指令，孩子更需要的是细心的观察与耐心的引导。

如果孩子有以下表现，可能有动作协调能力不佳的问题

穿着

❶ 看起来不修边幅，衣服常常没穿好。

❷ 动作很慢。

❸ 不喜欢有扣子、鞋带、拉链等穿起来较复杂的衣物，因为本体觉区辨、计划能力较差，时常会不知道穿戴顺序而且很需要视觉帮忙。

自理能力

❶ 对时间、空间的概念较差。

❷ 预测能力不佳，最常见的是影响运动表现，其他的情况，如过马路不太会躲闪，对于从A地到B地的距离感和所需时间不会预测，或是对自己做某件事情需要多少时间完成没有概念，所以最常见的问题是拖延、迟到、说的跟做的差很多。

社交

❶ 挫折忍受度低，可能会觉得自己很没用。

❷ 缺乏安全感、没自信，对环境掌控度较低。

❸ 比较内向被动，难以预测并适应环境变化，所以主动性差。

④ 比较不知变通，对生活常规的事情固执，如饭一定要怎么吃、澡一定要怎么洗。

⑤ 无法忍受临时变更，若讲好的行程因故调整，就会勃然大怒。

⑥ 不喜欢跟年纪相仿的人接触，对他们来说年幼的孩子容易操控指挥，大人则会礼让他们，同辈可能会提出很多意见让他们跟不上。

⑦ 语言表达较差，笨口拙舌的样子，不是不会顶嘴而是反应没这么快，无法好好地说明自己的感受与想法，也有可能是自己不知道该怎么讲。

⑧ 眼高手低，身体跟不上内心的想法，所以常发生事与愿违的情况，以为自己做得到但适应环境变量的能力弱，所以最后就会放弃，或觉得干脆不要开始就不会伤心丢脸。

游戏

① 玩不同的玩具，也常用相同或类似的玩法：积木或组合玩具都拼得很像。

② 不喜欢复杂的游戏规则，越简单越好，或是为了让自己能做得好，会希望由自己来定规则。

③ 为了确定自己的安全，很需要大人保护或是要他人按照自己的意思来做。

④ 不喜欢拼图类、建构式的玩具，因为自己没什么创意，想不到好玩的玩法。

⑤ 喜欢自己独自行动或玩，会避开团体游戏。尤其是团体游戏的规则很难的时候，因为其他孩子通常会调整既有的游戏来进行挑战，这时他们就会很难适应。

学校表现	❶ 遇到新的事情或挑战时，常不知道该怎么办，便会愣在那里一问三不知，他们经常说："我不知道。" ❷ 做事情缺乏组织力（常见于写学校作业时）：可能会在作业的不同大题或是不同科目之间跳着写；可能会因为不知道要先从哪样开始做、不知道需要多少时间就先做了再说。常常忘记带需要的东西，因为前一天没有好好思考及确认。 ❸ 不擅长运动：大动作类型的都不协调，如跑步、体操、打球等。精细动作不佳，文具、工具使用技巧不好，所以字可能会不好看、拿笔的姿势容易累，手工课的作品都不精致，看起来好像没有用心在做。 ❹ 可能会因为预测能力、动作协调能力、书写能力不佳而影响学习，导致学业表现不佳，容易被误会是学习障碍。

爸妈请注意

该如何促进孩子的动作协调能力的提升？

影响动作协调能力的因素很多，光这本书提到的就有感觉区辨及姿势控制能力，然而感觉区辨中也有很多细节，姿势方面还要看是否为肌肉低张，因此帮孩子加强的原则就不会像前面的章节所提到的这么单一，而是会建议以综合多元的活动或游戏为主，再根据孩子个别的强弱项做难度及内容的调整。别担心，黄老师马上就来分享！

本篇提到这两个方面的活动原则如下：

大方向：要想办法自然发生，并在日常生活中进行，不要刻意规划并反复练习，这样反而更容易成功地帮助孩子。

两侧协调与顺序能力	多使用跨身体中线的活动，促进重心转移、躯干旋转。 ❶ 左手碰右半侧肢体；右手碰左半侧肢体：可以发出口令，比速度；在身上贴贴纸，跨中线拿指定的贴纸；可把物品放左右两侧，用对侧的手去拿。 ❷ 先从对称的动作开始，之后再进行交替的动作：如用手指比数字1~10。 ❸ 可从手或脚的动作先开始，之后再试手脚并用的动作，如用手指比数字，先加入原地跳的动作，还可原地踏步。

身体运用能力	❶ 若有本体觉处理不佳的情形，先用抗阻力的活动增加身体概念，以增进动作计划的基础。 ❷ 活动分级的必要：简单、具体→复杂；全身动作→指定身体某部分，其他肢体不能用；回馈方式（从结果来检讨学习更正）→练习前馈控制（预测）。

爸妈一起来 促进动作协调能力的参考小游戏

游戏路线设计

游戏❶

让爸妈在想不到玩法时可以方便一点，把活动项目套进去就是一个小游戏了。

如下图：

(1) Ⓐ → Ⓑ , Ⓑ →

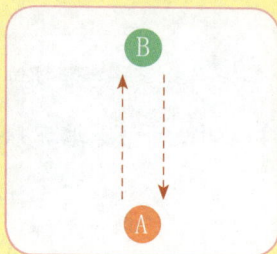

(2) Ⓐ → Ⓑ → Ⓒ → Ⓐ

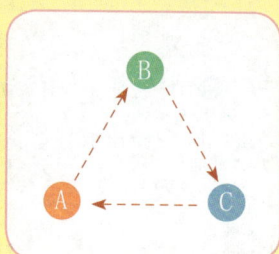

❶ 视活动地点而定，A、B、C（或更多）可以在户外或在家中的不同地方布置两个以上的点（用桌子、椅子、电视或不同房间做标定）。

❷ A、B、C可根据想加强的项目或娱乐安排不同的任务，例如，拼图、积木、发射陀螺、涂色、翻桌游的牌、写生字、背单字、运动等。

❸ "→"就是如何出发到另一点的方式，通常会用前庭觉或本体觉的活动或加强体能的运动。

建议刚学习遵守规则的孩子，可使用路线（1）的同一种方式简单地来回做简单的任务即可。

进阶的话路线（1）来回可以是不同的方式。

抛砖引玉设计

游戏❷

爸妈可根据孩子的能力做调整。

① 范例一：路线(1) Ⓐ→Ⓑ，Ⓑ→Ⓐ。选择20片拼图放在B处，请孩子从A开合跳10下后出发，以大熊走路的方式去B处拿2片拼图后做3个仰卧起坐，爸妈跟孩子丢接球5次后，孩子再边拍球边走回到A，把球给爸妈后拼图，拼好再一次出发，这样共走10趟。

② 范例二：路线(2) Ⓐ→Ⓑ→Ⓒ→Ⓐ。在A处撑"小飞机"15秒后，青蛙跳出发到B，写3个字并涂色，或是在A出一道可心算的简单数学题到B写答案，之后原地蹲下起立7下，单脚跳（每趟可换脚）到C，在C模仿爸妈的动作（出一题跨中线的动作，左手摸右脚踝）后，脚跟对脚尖从C走回A。

游戏中须注意的小提醒

在前面提到过，要先能控制好自己的动作，才有办法与外界环境互动。因此，不论孩子是否有感觉统合方面的问题，只要是孩子没办法好好计划、不知道如何做出有效的动作来适应环境、改变将发生的事情，爸妈就需要帮他们一把了。以下是我给爸妈的小提醒：

① 不论是何种活动或游戏，若希望得到良好的效果，爸妈在引导或设计时就需要懂得如何调整难易度到"最适挑战"的程度。将活动的难度设定在比孩子当下的能力难一点的程度，但不会让他一直失败，大约在他还愿意尝试的时间内多试几次或练习几次就会挑战成功。让我们透过以下表格来了解为什么要选择最适挑战。

活动难度	比孩子目前的能力低太多。	与孩子目前的能力相当或是略低。	比孩子目前的能力略高。	比孩子目前的能力高太多。
结果	屡试不爽（有可能是本来就会的事情）。	挑战的成功率接近100%。	会有失败，但尝试克服或练习后就会成功。	在一段时间内，不论怎么尝试都挑战失败。
优点	大人孩子都开心；适用于害怕接触新事物的孩子的起步阶段，突破心防。		孩子可获得最大成就感与自信。	可能会激发某些孩子的斗志，但未必适用于全体。
缺点	孩子可能会觉得无聊、不重视；孩子可能因为想要一直得到夸奖而养成只想做简单的事，不愿挑战的习惯；孩子的成就感可能不会是最大值。		某些孩子可能尝试两次没成功就想放弃了。	孩子根本不想做，会想反抗、逃避。
备注	可能原因:大人根本不了解孩子的能力或大人错估孩子的能力；大人希望给孩子自信与成就感，希望孩子快乐、挫折感少。		大人需很了解孩子的能力、界线，这要尝试才能做到。	可能原因：大人期望太高或大人错估孩子的能力。

如同表格中提到的，最适挑战的标准需要尝试几次才能找到，所以在过程中要不断观察孩子的表现，并且及时地微调挑战内容来修改难易度。切记千万不要轻易指导或直接帮忙，让孩子多试几次看看，以爱及耐心多鼓励与支持他

们，让他们无后顾之忧地克服自己的心理与能力障碍。

举例来说，来我的治疗室一起跟着上课的爸妈，看到我在给孩子玩游戏的过程中，会视情况调整内容，就问我："黄老师，您看孩子表现得很好就把活动变难了，看孩子失败太多次就把活动调简单了，请问这样是不是太没原则了？孩子能学到东西吗？"这个问题就看我们用什么角度来介入了，拿捏不好的话确实有可能会出现一种情况，就是孩子发现了大人会根据他的状况改变标准，为了逃避困难而故意表现不好，让挑战变容易，所以此时就仰赖大人的观察能力了。

调整难易度的目的在于找到孩子的能力范围，给予最适挑战，让孩子在活动过程中对自己产生最大的成就感与自信心，使他们获得"原本看起来有点难的事情，经过尝试与练习终究可以成功"的经验。这种经验累积到一定程度后，孩子们未来看到难度更高的挑战就会勇于面对，也因为能力相对提升，愿意挑战的次数及挫折忍受度就会提高。

爸妈是否比较了解最适挑战的重要性了呢？不论成人或孩子都适用这个原则，对于动作协调能力有问题的孩子，更是非常重要！

对于计划能力不佳的孩子

❶ 爸妈可带领孩子把步骤分解很细后，根据他们不擅长的部分，简单地以口语引导，分享自己做这件事情的秘诀、心得，或是分享一些让他们能提醒自己的口诀后多加练习，但请记住这不是训练。

❷ 建议爸妈在加强孩子计划能力前，避免在要开始执行时问他们开放式的问题，像是"这件事情该怎么做？"也不要劈头就问孩子实际执行的步骤，他们就是"不知道"才会被认为是计划能力不好嘛！因此任务可用"与目前的能力相当或是略低"的难度告知后，先让他们好好试

试看，但因为通常这类孩子在想的时候会停下其他动作专心地想，看起来可能像发呆或不知所措地站着，因此此时先别介入，要是真的停太久了，给予很简单的提示即可，不要说太多！

❸ 孩子做事时很可能看起来没有效率，甚至不懂如何省时省力，常会让大人有点儿看不下去，此时也一样要先观察，不要马上给予建议，以免他们之后遇到问题还是不会思考。我之前在治疗室都会请孩子丢完沙包后，帮我把箱子里的沙包收回抽屉里，计划能力不佳的孩子就会一个一个拿去放，要跑好几趟，他们想不到一次可以拿好几个或全部抱走，也不会想到把箱子移动到抽屉旁一次放回去。通常他们放完之后，都会气喘吁吁地说很累，我顶多笑着回应："跑这么多趟辛苦你了，谢谢，你是老师的好帮手！"在未来的课程中，我时不时地会再请孩子收沙包，没过几次，他们就想到有效率的方法了，临床案例中这样的方式都很成功！

加强动作协调的活动尽量在日常生活中自然地、没有压力地练习，而且在这样的情境中可以很自然地观察到孩子的能力，了解他们需要什么帮助以及欠缺什么能力。

黄老师有话说

通过不断累积经验及接收足够的环境刺激，孩子更能够"随遇而安"！

曾经有一个男孩来咨询，在他刚上小学时，每天上学都大哭，从进教室到放学都在哭，声音或大或小，因为实在太过于干扰他人，于是座位就被安排在门边，脸朝外面哭。爸妈和老师尝试过各种方式，鼓励、安慰、游戏，甚至小小处罚等，都没办法让孩子停止哭泣。现在这个孩子小学二年级了，前阵子连络他爸妈，他们告诉我，孩子现在每天都说好喜欢上学！但殊不知，这是他哭了两个月才适应的。

每个人适应环境的速度与能力不尽相同，我们大多希望自己不论到何处都能随遇而安，但这需要经验的累积以及平时接受足够的环境刺激量。举例来说，从来没有自己出过国的人，第一次自己去机场、上飞机、降落在异地，是一定会心情紧张的，一回生二回熟，经验越来越多时，面对旅途中许多的突发状况便能越来越游刃有余地解决了。

经验值不多的孩子，在接触全新的环境、人、事时，肯定会紧张、害怕，每个孩子表现的样子不同，只是身为爸妈或老师的大人能观察到多少？能了解多少？感觉统合的概念中能体现人与环境互动的状况：是否能调整计划、策略、身体、想法等以更好地适应并做到该做的事与想做的事？

这也是为什么我会在本书中选择借由感觉统合的理论架构来分享临床经验的原因之一。

职能治疗本身就是在生活中进行，与生活息息相关。职能治疗师就是想尽各种方法帮助大家更游刃有余地适应环境，担当各种角色，从而提升生活质量，更加健康快乐。因为要做准确说明，书中提到很多专有名词或方法，希望能让爸妈读了之后获得更多观察的视角、更多崭新的想法，也能更深入全面地思考问题，从而能够不留遗憾地陪伴孩子成长。

虽然我不断地强调要多观察孩子的表现，但是若非专业领域者，有些状况爸妈再怎么观察入微可能还是只能看到冰山一角，或许还会有很多爸妈没发现的地方，如果有疑虑，也请放心地、适度适时地请教专业人士吧！

愿所有读过这本书的读者都能拥有健康、希望。

小补充

"正常"的定义到底是什么？

正常的定义，很多人都说不上来，每个人有不同的特质与个性的差异，关于身心状态的情况，本来就不是二分法。

以统计的常态分布图来举例，把多数人的表现取一个平均值，通常会将距离平均值两个标准偏差以内的情况（会因为所探讨的事情而取不同的范围）称为"正常范围"，也就是所谓的"典型"状况。所以正常是一个"范围"，大约95%的人在此范围内，但这范围内仍存有差异性，要看偏离平均值多少而定，偏离两个标准偏差以上的两个极端值加起来5%的情形，就会归为"非典型"。

然而，平均值就绝对具有代表性吗？其实国家、地区、民族、人口组成、生活习惯、所选的人口范围，甚至时代背景的不同，都会影响平均值！假设某小学三年级男孩的平均体重是32千克，两个标准偏差是4千克，以上面的概念来看这个例子，体重的正常范围是（32±4）千克，也就是该小学三年级约有95%男孩的体重在28～36千克，若超过此范围的体重就是不太正常的胖或瘦了。那27.9千克就是正常，28.1千克就不能算正常了吗？32千克就绝对有代表性吗？在这所学校当中达到平均体重的正常范围内，又有什么意义吗？何况还要考虑身高及每个人的年龄，虽然在同一届读书的同学也可能相差一岁呀！身体是否健康、饮食是否均衡与运动及睡眠时间是否充分等才是重点吧！

这样大家是不是明白了呢？体重可以测量、以数字化来描述表示，但是都有很多变因可以讨论了，更何况是生活表现呢，正常与否的界线就更加难以定义了，对吧？

因此，我们能理直气壮地说谁正常谁不正常吗？希望爸妈们和老师们都不要陷入"正常"二字的旋涡中，也别使用错误，我们评估的标准会根据个案的状况是否影响日常生活、造成他人困扰以及其程度高低来制定，并会着重找出原因及改善的方式，不会定义个案的状况是否"正常"。

很多爸妈最后都会希望我告诉他们，孩子到底是不是得了某种疾病。其实"解决问题"才是核心，给予定义、归类、加上标签意义真的不大！

以感觉区辨篇的小泓为例，他的专注时间比班上同学短，可能在恢复专注力的期间会走动、打扰到老师或其他同学，既然评估后与身心状况无关，除了解决感觉统合不佳的状况外，还要教导他如何拉长专注时间的策略以及采取措施来帮助小泓在无法专心时仍不影响课堂秩序。父母也要在家里持续帮他训练及练习，再和老师沟通孩子的状况并且配合协助。

就像是大人上班无法专注时也会去走走、洗脸、喝点咖啡提神一样，孩子在无法专心时自己会想办法提升警醒程度，若因为这样就被称为"不正常"，岂不是太过冤枉了吗？

最后还是老话一句，若有疑虑，建议爸妈还是要请教相关专业人士，才可以避免无谓的担心与误会哦！